Shane, de manera increíble, relaciona lo prác Palabra
de Dios y con nuestro Señor y Salvador, Jesú   1.

RON BLUE, fundador de Kingdom Advisors; aut⟨   *dinero)*

El doctor Enete con gentileza nos invita a pensar en profundidad, teológicamente y en forma práctica acerca del tema malinterpretado de las finanzas y el corazón. Su táctica es acogedora y real, alentándonos con la verdad de que Jesús nos sorprende con cosas encantadoras cuando le entregamos nuestro corazón y nuestras finanzas. Este es un libro indispensable para cualquier curso sobre las finanzas en el aula o en la iglesia.

DR. OSCAR MERLO, director del Centro para el Estudio de la Obra y el Ministerio del Espíritu Santo Hoy

Los alumnos del doctor Enete pueden dar testimonio de la influencia trasformadora de sus principios de planeación financiera. Yo lo sé de primera mano porque me lo han dicho. Los lectores de su nuevo libro se beneficiarán del mismo pozo profundo de las valiosas revelaciones de Shane, formadas a lo largo de una carrera de investigación y análisis en inversión y de su ejemplo personal de mayordomía abnegada.

BARRY H. COREY, presidente de la Universidad de Biola

El doctor Shane Enete está entre los líderes más reflexivos sobre el tema de la mayordomía bíblica que han surgido en mi generación. Admiro su obra por la profundidad de su teología, la aplicación práctica y el rigor académico. Me encantó *Finanzas de todo corazón* ¡y se lo recomiendo mucho a todo seguidor de Cristo!

JOHN CORTINES, coautor de *God and Money* (Dios y el dinero) y *True Riches* (Riquezas verdaderas)

Finanzas de todo corazón es lectura esencial para todo aquel que busca alinear su vida financiera con su fe. Acepte la sabiduría de estas páginas y aventúrese en un viaje hacia el bienestar financiero permanente y guiado por la fe y el propósito.

MARCY PALOS, presidente y CEO de RestoreLA-CDC

Este es un libro rico. El doctor Shane Enete ha diseñado hábilmente un recurso que sirve tanto a los novatos como a los individuos muy versados en asuntos financieros. Está destinado a convertirse en un recurso valioso y perdurable por muchos años.

ART RAINER, director del Institute for Christian Health; autor de *The Money Challenge* (El desafío del dinero); presentador del pódcast *More Than Money* (Más que dinero)

Claro. Breve. Sabio. Enfocado en Cristo. El doctor Enete ha combinado la sabiduría bíblica con perspicacia financiera para ayudar a los cristianos a saber cómo orientarse adecuadamente en cuanto a sus finanzas, sus inversiones y su generoso compartir. Me alegro de poder recomendarlo.

DR. KENNETH BERDING, autor de *Paul's Thorn in the Flesh* (El aguijón de Pablo en la carne) y *Walking in the Spirit* (Andar en el Espíritu)

El libro de Shane Enete ¡le llega al corazón mismo del tema! Los cristianos no pueden servir a Dios *y* al dinero, así que Shane les enseña cómo servir alegremente a Dios *con* su dinero. Recomiendo efusivamente que los cristianos en todas partes pongan en práctica lo que enseña el libro de Shane.

BRIAN KLUTH, autor del éxito de venta *40 Day Generous Life* (Una vida generosa en cuarenta días)

Con una combinación de testimonio personal, donaire y verdades de las Escrituras, Shane convierte este tema «peligroso» del dinero en una invitación a experimentar más intimidad con Jesús en todas las áreas de la vida.

NICK BREACH, vicepresidente de Compass-Finances God's Way

Finanzas de todo corazón tiene una base bíblica sólida para manejar las finanzas con Jesús en el centro. Es el primer libro que yo les recomendaría a los cristianos que buscan una perspectiva bíblica y sabiduría de la vida real para administrar sus finanzas.

ADAM W. DAY, profesor asociado de Lengua y Literatura del Nuevo Testamento, Seminario Teológico Tyndale, Países Bajos

Finanzas de todo corazón es precisamente lo que describe su título: *Una guía centrada en Jesús para manejar el dinero con gozo.* Reconociendo el concepto bíblico de que nuestro «corazón» no es solo el lugar de las emociones, sino también el centro de la voluntad, Enete desafía a los lectores a «poner todo su corazón», «gastar de todo corazón», «cuidar todo su corazón» y «ahorrar de todo corazón». Si usted es seguidor de Jesús y solo lee un libro sobre cómo manejar sus finanzas personales, debería ser éste.

DOUGLAS S. HUFFMAN, profesor de Nuevo Testamento y decano de programas académicos en la Escuela de Teología Talbot en la Universidad de Biola

Finanzas de todo corazón provee una combinación maravillosa de historias atractivas que ilustran la sabiduría financiera bíblica y maneras prácticas de implementar esas lecciones de inmediato. Este libro lo desafiará a considerar nuevas perspectivas para la acumulación de riqueza, las deudas, la generosidad, la jubilación y mucho más.

CODY HOBELMANN, planeador financiero certificado; copresentador del pódcast *The Finish Line* (La meta)

Las revelaciones de Shane Enete sobre la mayordomía centrada en Jesús son profundas. De hecho, leí dos veces la primera parte antes de continuar con el resto del libro. Me encanta la forma en que sienta las bases y construye sobre ellas. No podía dejar de pensar que mis siete hijos (entre los 19 y los 31 años) deberían leer *Finanzas de todo corazón*. Lo recomiendo «de todo corazón».

DAVID H. WILLS, presidente emérito de National Christian Foundation

FINANZAS
DE TODO
CRAZÓN

Una guía centrada en Jesús para administrar el dinero con gozo

SHANE ENETE,
PH. D., CFA, CFP®

R SE
ESPAÑOL

Finanzas de todo corazón
Una guía centrada en Jesús para administrar el dinero con gozo
© 2024 por Delightful Dollar, Inc.
Todos los derechos reservados.
Publicado Por Rose Publishing Español
Un sello editorial de Tyndale House Ministries
Carol Stream, Illinois, EE. UU.
www.HendricksonRose.com

ISBN 978-1-4964-8490-1

Originalmente publicado en inglés en el 2024 como *Whole Heart Finances* por Aspire Press con ISBN 978-1-4964-8328-7.

Las perspectivas y opiniones expresadas en este libro son aquellas del autor y no necesariamente representan las perspectivas de Tyndale House Ministries o Rose Publishing Español. La información en este recurso se presenta solo como pauta general. Por favor consulte a profesionales financieros calificados en cuanto a intereses individuales.

Tyndale House Ministries y Rose Publishing Español no son sujetos de ninguna manera por cualquier contenido, cambio de contenido o actividad para las obras listadas. El que se cite una obra no significa que se endose o todo su contenido u otras obras por el mismo autor.

Todas las regalías del autor son donadas a una caridad que avanza la educación financiera centrada en Cristo.

«Una liturgia para pagar las cuentas» ha sido tomado de *Every Moment Holy* [Todo momento es santo] (Rabbit Room Press) por Douglas Kaine McKelvey. Usado con permiso.

Todo énfasis a las Escrituras ha sido agregado por el autor.

Traducción al español: Virginia Powell para AdrianaPowellTraducciones

Edición en español: Ayelén Horwitz para AdrianaPowellTraducciones

Printed in the United States of America
Impreso en Estados Unidos de América
010524VP

CONTENIDO

Introducción 7

Primera parte: Acérquese de todo corazón: Invite a Jesús a su vida financiera

Capítulo 1: La pregunta más peligrosa..............................13

Capítulo 2: La sabiduría del mar de Galilea.....................25

Capítulo 3: Elementos del dar, corrientes, sistemas y flujos.............39

Segunda parte: Gaste de todo corazón: Haga un presupuesto que en realidad funcione

Capítulo 4: Haga un seguimiento de su pan de cada día.................57

Capítulo 5: Planee su tasa de proyección con Jesús 69

Capítulo 6: La bendición de los neumáticos y los techos.................83

Capítulo 7: Descubra su personalidad monetaria.................97

Tercera parte: Cuide todo su corazón: Relaciónese responsablemente con el crédito y las deudas

Capítulo 8: Los depredadores del crédito.........................113

Capítulo 9: El club de los 800 125

Capítulo 10: Una libra de deuda 137

Cuarta parte: Ahorre de todo corazón: Cómo aumentar su capacidad de dar por medio del ahorro y la inversión

Capítulo 11: El banco como campamento base 149

Capítulo 12: Reunir una reserva para la vejez 159

Capítulo 13: Invertir la reserva 171

Capítulo 14: El poder redentor de su reserva 185

Capítulo 15: Sueñe en grande: Genere un plan financiero al estilo del mar de Galilea 197

Pensamientos finales...211

Reconocimientos..214

Notas 215

INTRODUCCIÓN

Lo que dominaba la mente de Jesús no era la idea
de seguir viviendo, sino la de dar su vida.

JOHN STOTT, *LA CRUZ DE CRISTO*

Me encanta y, a la vez, detesto el juego de mesa *Monopoly*. Me gusta porque implica dinero y sobre eso enseño para ganarme la vida. Pero lo detesto porque es cansador, estresante y, a menudo, nunca termina.

Dicho eso, hay un partido de *Monopoly* que jamás olvidaré. Muchos años atrás, me reuní con un grupo de amigos para compartir una noche de juegos de mesa. Cuando el anfitrión trajo el *Monopoly*, todo el mundo empezó a quejarse. Todos finalmente cedimos y empezamos a jugar, pero, a medida que mis amigos comenzaron a ganar más dinero que yo, empecé a abrigar envidia y resentimiento en mi corazón. Cerraba los ojos con cada vuelta del dado, con la esperanza de repuntar.

Este espíritu pesado comenzó a apoderarse de todos los jugadores y, pronto, observé con el rabillo del ojo algo peculiar: una mano que se retiraba con rapidez del pozo central de efectivo. Unos turnos más tarde, observé lo mismo. En ese momento, ¡estaba seguro de haber descubierto a un tramposo! La tercera vez que ocurrió, señalé con el dedo y grité: «¡Tramposo! ¡Devuelve el dinero del banco!».

Cuando acusé a mi amigo, se puso colorado y dijo: «No estaba sacando dinero. Estaba poniéndolo». Una incómoda pausa en la sala fue seguida por una explosión de risas. ¡Mi amigo admitió que había estado devolviendo en secreto parte de su dinero a modo de diezmo! Era una conducta tan sorprendente y encantadora que a todos nos dieron ganas hacer lo mismo.

A medida que el juego avanzó, todos comenzamos a buscar maneras de devolver en secreto algún dinero al banco, incluyendo las movidas furtivas a espaldas de los demás. La generosidad de mi amigo había trasformado por completo el juego. Seguíamos tratando de jugar según el reglamento, compitiendo para ganar, pero se había agregado un nuevo elemento que hacía que jugar fuera un placer.

Tomar decisiones financieras todos los días es un juego estratégico como el *Monopoly*, el cual nos encanta y nos disgusta al mismo tiempo (es probable que nos disguste más). Es un juego cansador, estresante y, en efecto, nunca termina. Estudio tras estudio confirma que los estadounidenses consideran al dinero como su principal fuente de ansiedad[1].

Pero no tiene por qué ser así. Hay un elemento que podemos introducir que trasformará por completo nuestra experiencia. Convertirá el juego de manejar nuestras finanzas de una temible pesadilla a una experiencia de confianza y gozo. Si usted dijera que ese elemento es la generosidad, acertaría solo parcialmente.

En su libro *Dar y recibir*, Adam Grant, profesor de la Universidad de Wharton, presenta un estudio brillante sobre cómo la generosidad beneficia la vida de la persona. En un ejemplo, los investigadores mapean la energía de las personas de la misma manera que lo harían con una galaxia. Quienes *dan* se asemejan a los soles de la galaxia: arrojan luz y hacen crecer a quienes los rodean. Quienes *toman* se asemejan a los agujeros negros: chupan la energía de quienes los rodean y hacen que todos se achiquen[2]. La conclusión del libro es que todos deberíamos ser *dadores* para poder cosechar los grandes beneficios de la generosidad.

> **Tomar decisiones financieras todos los días es un juego estratégico, cansador y estresante. *Pero no tiene por qué ser así.***

Aunque esta conclusión es válida, y de seguro mejorará nuestras finanzas, me parece a la vez demasiado difícil e insuficientemente ambiciosa. Es demasiado difícil porque, a menudo, pensamos mucho en nosotros mismos y no lo suficiente en los otros. Personalmente, ya que no nací siendo una persona muy generosa, me pregunto si podría «convertirme en un dador» sencillamente por mi propio esfuerzo.

Convertirse en un dador tampoco es suficientemente ambicioso. En lugar de conformarnos con *la* luz que podemos proyectar por nosotros mismos, ¿por qué no acercarnos más a la Luz del mundo, el Sol de los soles, el Dador por excelencia? Jesucristo es todo eso, su luz de generosidad es tan intensa que todo aquel que esté a su alrededor brilla y resplandece sencillamente por su proximidad.

Entonces, el primer elemento para agregar a nuestras finanzas es Jesucristo. Usted quizás objeta esta idea porque piensa: *En realidad, Jesús no está a favor del dinero. Como le dijo al joven rico que preguntó qué debía hacer para ganar la vida eterna, Jesús me dirá también a mí que venda todo lo que tengo*[3]. Variaciones de este pensamiento han conducido a muchos cristianos a separar sus finanzas de Jesús. Aunque esto puede parecer lo más seguro, jamás puede ser real si es un seguidor de Jesús, porque la verdad es que «Cristo vive en [usted]» (Romanos 8:10). Por medio del Espíritu Santo, Cristo mora en su corazón.

Si elige pensar que Jesús es ajeno a sus finanzas, no solo está oscureciendo su mundo al alejarse de la Luz del mundo; también está dividiendo su corazón. Es como una persona recién casada que quiere conocer todo sobre su cónyuge, pero en el momento en que este menciona algo sobre las finanzas, usted se tapa los oídos y dice: «¡Eso no me interesa! No es de mi incumbencia». ¿Se imagina el estrés de un matrimonio dividido de tal manera?

Hacemos lo mismo cuando le decimos a Jesús: *Estás a cargo de mi vida espiritual, pero mantengamos las cuentas aparte en lo que atañe a mis finanzas.* Manejar las finanzas por su cuenta le asegura que tendrá un corazón dividido porque Jesús ya vive en su corazón. Está actuando de una manera que no es coherente con su verdadero ser.

De todo corazón significa abrazar plenamente a Jesús en cada decisión en la que su corazón en realidad se interesa, en especial en relación con el uso del dinero. Si incluir a Jesús en sus decisiones de dinero le resulta extraño, es probable que sea porque solo ha pensado en él en sentido espiritual. ¡Pero Jesús es también plenamente físico! En los relatos de las Escrituras, come, bebe y tiene un cuerpo físico, ¡uno que habita todavía hoy! Jesús dijo en el Evangelio de Lucas: «Tóquenme y asegúrense de que no soy un fantasma, pues los fantasmas no tienen cuerpo, como ven que yo tengo. [...] ¿Tienen aquí algo para comer?» (Lucas 24:39-41).

Jesús entiende por completo sus necesidades físicas y sabe perfectamente que requieren que gaste dinero. Le gusta la buena comida, incluso las cosas lindas, los cual incluye los asados argentinos, el café de Colombia y los muebles suizos, y está de acuerdo cuando los disfrutamos. Una vez que esta realidad esté entretejida con su vida financiera diaria, verá que la administración de cada billete que tenga será motivo de gozo.

Como de seguro ya sabe, Jesucristo es la persona más alegre que podrá conocer. Si lo invita al juego diario del manejo de sus finanzas, encontrará alegría en ello. Y como mi amigo en el *Monopoly*, Jesús hará cosas sorprendentes y encantadoras y lo dejará con una invitación abierta a imitar su juego creativo con su dinero. El manejo del dinero se convertirá en una amplia avenida para amar a Jesús y a otros de manera más profunda.

Si lo invita al juego diario del manejo de sus finanzas, Jesús hará cosas sorprendentes y encantadoras.

Finanzas de todo corazón expresa lo que significa incorporar plenamente la realidad de su unión con Cristo en sus finanzas diarias. Cada capítulo comienza con una mirada sobre la persona de Jesucristo, quien es una luz resplandeciente de generosidad y, luego, señala acciones específicas que lo ayudarán a responder a la luz que ve.

La primera parte (capítulos 1–3) explica cómo *poner todo su corazón* en Jesús en cuanto a sus finanzas. De ese modo estará unido a él de una manera divertida y gozosa mientras toma decisiones sobre cómo gastar, ahorrar y dar.

La segunda parte (capítulos 4–7) discute la importancia de los *observar, realizar un seguimiento y elaborar planes de gasto* para que pueda *involucrar y expresar todo su corazón* al gastar su dinero.

La tercera parte (capítulos 8–10) propone cómo relacionarse responsablemente con el crédito y la deuda para que pueda *cuidar todo su corazón* cuando se relaciona con sus finanzas.

La cuarta parte (capítulos 11–15) analiza cómo usar las herramientas del ahorro y la inversión para ser más determinado en su respuesta a la gran generosidad de Jesús para con usted. El capítulo 15 reúne todos los elementos financieros para que pueda soñar en grande sobre cómo puede Jesús usar su plan financiero para ayudar a redimir y restaurar nuestro mundo roto.

¡Comencemos!

Por favor, tenga en cuenta que en el sitio en línea WholeHeartFinances.com/spanish/#home tiene a disposición un apéndice con herramientas y recursos útiles. Allí también encontrará un estudio de cuatro lecciones para grupos reducidos destinado a enseñar conceptos claves de este libro de manera muy gráfica.

PRIMERA PARTE

ACÉRQUESE DE TODO CORAZÓN

Invite a Jesús a su vida financiera

Mi antiguo yo ha sido crucificado con Cristo.
Ya no vivo yo, sino que Cristo vive en mí.

GÁLATAS 2:20

CAPÍTULO 1

LA PREGUNTA MÁS PELIGROSA

Todo lo que hagan, háganlo de corazón.
COLOSENSES 3:23, RVC

Me gusta el dinero. No es que quiera ser rico; es solo que hay algo emocionante en ver el rostro de George Washington en un billete nuevo de dólar estadounidense. Sin embargo, a veces, cuando me pierdo en los resúmenes de cuenta y los billetes del banco, suelo dejar escapar un suspiro o entorno los ojos mientras frunzo el ceño. Mi hija de siete años, Sage, también lo hace cada vez que piensa en dinero. Es digna hija de su padre.

Una noche, les estaba contando un cuento a Sage y a mi hijo de seis años, Silas, sobre un tren que los conducía por el bosque. El destino era una gran mansión con muchas habitaciones mágicas y fascinantes. Terminé hablando sobre cómo esa era una figura de lo que será el reino de los cielos. Mis hijos no estaban preparados para ese giro del argumento y de inmediato saltaron de la cama entusiasmados, exclamando: «¡No podemos creer que nos contaste una historia que es *real*, papá!».

Durante los treinta minutos siguientes, hablamos del gozo de la vida con Jesús en el cielo mientras Sage y Silas bailaban alrededor de sus camas. Finalmente, mi esposa, Tammy, y yo les dimos las buenas noches y abandonamos la habitación. Más tarde, Tammy y yo estábamos en medio de una conversación cuando oímos pequeñas pisadas en el pasillo. Al volvernos, vimos a Sage depositando algo sobre la alfombra. Ella sonrió y soltó una risita mientras decía: «Es para Jesús». Luego volvió a su habitación tan rápido como había venido.

Cuando Tammy y yo miramos la bolsa transparente con monedas y billetes, comenzamos a lagrimear sabiendo que ¡eran los ahorros de toda la vida de Sage! Había pasado todo un año reuniéndolos, lo que es mucho tiempo para una niña de siete años. Aunque yo no había tocado el tema de *dar* con ellos esa noche, allí estaba ella con su respuesta natural al evangelio de Jesucristo. En esa ocasión, mi hija, en su pijama de unicornio, no tenía el ceño fruncido y tampoco dejó escapar un largo suspiro. En lugar de eso, fue todo el camino hasta su habitación brincando y sonriendo.

¿Acaso debo dar todo lo que tengo?

Cuando dejamos de lagrimear, Tammy y yo continuamos con nuestra conversación anterior. Pero yo estaba un poco distraído. La acción de Sage había dejado una pregunta muy peligrosa y persistente dando vueltas por mi mente; de seguro la pregunta más peligrosa que puede hacer un cristiano: *¿Es eso lo que debo hacer, dar todo mi dinero?*

Cuando me atreví a hacer esa pregunta, de repente, la alegre acción de mi hija no me resultó tan encantadora. En lugar de eso, me resultó amenazadora. Como Caín, quien estaba celoso de la generosidad de su hermano (Génesis 4:5), mi expresión se volvió alicaída. Un espíritu a la defensiva se instaló en mi corazón y mi mente se llenó de pensamientos justificadores: *Sage no tendría qué comer si yo diera todos mis ahorros. Según 1 Timoteo 5:8, yo sería peor que un incrédulo si no proveyera para mi familia. Esa es una verdad escritural, de manera que no necesito pensar más en esto.*

No soy el único que enfrenta este asunto tan importante. Hay una suposición implícita entre muchos cristianos de que Jesús está esperando sorprendernos con esa pregunta más peligrosa. Cuando hago un sondeo entre adultos sobre lo que piensan que diría Jesús si le preguntaran qué hacer con su dinero, casi todos dan por sentado que les diría que vendieran todo lo que tienen y lo siguieran.

Un número cómico del popular dúo Key y Peele ilustra el temor a esta pregunta más peligrosa en la iglesia cristiana estadounidense. En este corto video, en una reunión de comunión casera un grupo está orando fervientemente para que Dios les muestre su voluntad. Una luz radiante brilla sobre la mesita baja de la sala de estar y Dios comienza a hablar. El grupo escucha con atención mientras Dios los instruye con amor a vender todo lo que tienen y comenzar a servir a los pobres. En ese punto, todos están en un silencio incómodo, claramente incapaces de aceptar la propuesta de Dios. Finalmente, alguien grita: «¡Esta casa está poseída!». Se desata el caos y todos gritan y salen corriendo por la puerta[4].

La obsesión de un adolescente

Aquella no fue la primera vez que me obsesioné con esa pregunta peligrosa. En realidad, es una pregunta que, en muchos sentidos, ha definido mi vida laboral. A los quince años, mi tío me regaló un libro, *How to invest $50–$5000* (Cómo invertir $50–$5000). Fue el título lo que me atrapó. Ya que $50 era un monto alcanzable para mí, invertir, de repente, se convirtió en una posibilidad real. Fui a la biblioteca de inmediato y saqué todos los libros que pude encontrar sobre inversión. Necesitaba aprender más. No deseaba particularmente tener riqueza, pero sí me cautivaba la idea de manejarla.

No obstante, mi pasión por el manejo del dinero pronto chocaría con mi incipiente relación con Jesús. Dos años antes casi me había muerto al caer dos pisos desde un balcón y aterrizar sobre una cerca de hierro. Mientras me recuperaba en el hospital, fui poderosamente cambiado al sentir la presencia cercana y constante de Jesús en el lado derecho de la habitación. Fue como saborear el cielo, una sensación que todavía hoy perdura en mi corazón. Su presencia comunicaba un amor incondicional, cálido e ilimitado por mí, ¡y nada menos que del Creador del universo! Era demasiado maravilloso.

Hay una suposición implícita entre muchos cristianos de que Jesús está esperando sorprendernos con esa pregunta más peligrosa.

A pesar de que era una bolsa de huesos impotente en la cama del hospital, me sentí conocido y amado, y eso me hizo querer seguir a Jesús con *todo* mi ser. Pero como adolescente de quince años, «mi ser» ahora incluía mi pasión por el manejo del dinero. A medida que me fui involucrando cada vez más en el mundo del lucro y la riqueza, parecía que me alejaba cada vez más de mi primer amor, Jesús, quien aprecia el sacrificio y la dependencia. Fue entonces cuando comencé a preguntarme: *¿Acaso debo dar todo mi dinero?*

En la escuela secundaria, busqué en el conocimiento teórico y práctico algo que me ayudara a responder esa pregunta más peligrosa. A menudo, estudiaba con cuidado la sección de Finanzas y Economía en la librería local, prometiéndome leer cada libro que encontrara allí. Entre los veinte y los treinta años, fiel a esa promesa, obtuve muchas certificaciones (CFA, CFP*, CAIA), un máster en Finanzas Matemáticas y un doctorado en Planeación Financiera Personal. También trabajé en grandes firmas de administración financiera por más de una década, ayudando a encaminar miles de millones de dólares en los mercados de inversión.

En medio de todo eso, parecía haber solo una respuesta a la pregunta más peligrosa: «¡Eres un necio por hacer esa pregunta!». Por ejemplo, un día mi jefe y yo comenzamos a hablar sobre el propósito de la riqueza. Yo planteé con amabilidad la idea de que la total independencia financiera implica una pérdida significativa porque es probable que impida la posibilidad de confiar en Dios, cuyos recursos son ilimitados. Todavía recuerdo la mirada incrédula en su cara, la cual expresaba: *¿Qué hace este hombre en esta empresa? ¡Qué loco!*

Mi salario no bautizado

Durante todo ese tiempo, detestaba estar tan conflictuado sobre Jesús y el dinero. En especial odiaba pensar en la pregunta más peligrosa. *Quizás debería dejar de hacerme esa pregunta*, pensé. Como no podía reconciliar la vida con Jesús con el manejo del dinero, se me ocurrió una solución: debía separar mi vida financiera de mi relación con Jesús. *¡Listo!*

No soy la primera persona que piensa en separar parte de su vida de Jesús. En los días de conquista de Carlomagno, un grupo de soldados supo de un edicto suyo según el cual debían bautizarse. Sintiendo la urgencia de hacerlo antes de conquistar la próxima aldea, los soldados recurrieron a un sacerdote local y fueron a un río. Entonces ocurrió algo singular: se metieron al agua, pero levantaron sus espadas al cielo para no mojarse las manos. Hay que reconocer que aquellos soldados entendieron lo que significa el bautismo. Dejaron fuera del bautismo las manos que empuñaban la espada porque no sabían cómo reconciliar su compromiso con la guerra con una vida entregada a Jesucristo[5].

Yo realicé un acto similar, salvo que fue mi salario lo que excluí de las santas aguas del bautismo. En el momento en que decidí que no podía aceptar la pregunta más peligrosa de Jesús (la que suponía que él me haría), dejé mi salario seco y sin bautizar. En aquel entonces pensé que era una idea brillante. Al «sumergirme en las aguas» es probable que dijera inconscientemente las siguientes palabras: *Dado que tú, Jesús, de seguro eres poco razonable en tus exigencias sobre el dinero, elijo tener toda la responsabilidad financiera en mi vida y entregarte todas las demás partes de mí.*

Lo hice porque estaba confundido sobre cómo una vida sometida a Jesús podía reconciliarse con las responsabilidades financieras de ahorrar dinero, pagar las cuentas y salir a cenar. Pero continuaba siendo un apasionado cristiano porque esa actitud mía no significaba un rechazo completo. Después de todo, Jesús podía tener cada parte de mí, salvo mi salario. Lo que hacía podía compararse con que, habiéndome casado con mi esposa, el día de la luna de miel le dijera, mirándola con amor a los ojos: «Supongo que tienes ideas alocadas respecto al dinero, de manera que no quiero que hablemos sobre finanzas. Espero que *nunca* discutas conmigo asuntos de dinero. Te amo».

Naufragio financiero

Una señal de que ha adoptado esta mala solución de huir de Jesús con sus finanzas es que se siente ansioso por el dinero. Como todos los años, los estadounidenses han enumerado el dinero como la primera fuente de su ansiedad[6]. Piense en estas líneas del poema «Worry about Money» (La preocupación por el dinero), publicado por Kathleen Raine en 1949:

Vistiendo la preocupación por el dinero como una camisa de crin
me acuesto en mi cama y lucho con mi ángel[7].

«Vistiendo la preocupación por el dinero» quizás resuma cómo se siente usted en este momento. El doctor Galen Buckwalter, quien estudia el trauma financiero, encontró que más del 20% de los estadounidenses sufren de un estrés financiero que corresponde a la definición clínica de trastorno de estrés postraumático[8].

Por otra parte, la investigación realizada para mi disertación de doctorado mostró que tener emociones negativas, en general, estaba asociado con bajos ingresos, bajo patrimonio neto y baja satisfacción financiera. Esas emociones negativas fomentan la incapacidad de mirar más allá de las necesidades inmediatas e impiden planear un futuro mejor[9].

En todas partes vemos una conducta financiera pobre. De hecho, aproximadamente el 60% de los estadounidenses no podrían pagar $1000 de sus ahorros en caso de tener una emergencia[10]. El estadounidense promedio tiene una deuda en su tarjeta de crédito de más de $5000 y $39.000 de deuda por préstamo estudiantil[11]. Esta deuda también ha elevado dramáticamente el estrés entre los estadounidenses y disminuido su salud y bienestar generales[12].

Un remedio incompleto

Dados estos problemas financieros, ¿se solucionaría todo si la gente ahorrara más y eliminara por completo sus deudas? Y puesto que se ha señalado que solo el 35% de los estadounidenses están financieramente alfabetizados, ¿no sería acaso la solución que uniéramos un mayor nivel de alfabetización financiera con mayores ahorros y ausencia de deudas?[13]

Aunque lograr mayores ahorros financieros ayuda a aliviar nuestra preocupación (y este libro también lo ayudará en ese aspecto), no es un remedio completo. Piense que nuestra sociedad nunca ha sido tan rica y a la vez nunca ha estado tan preocupada por el dinero[14]. Muchas veces, volvernos más estables en lo económico simplemente nos ha llevado de preocuparnos por el dinero acostados en un colchón de paja a preocuparnos por el dinero acostados en una cama *king size*.

Por ejemplo, un destacado presentador de un programa de conferencias sobre el dinero recibió en una ocasión un llamado de una conductora de colectivos escolares que había cumplido diligentemente con todas las buenas prácticas financieras y, ahora, tenía un patrimonio neto de $1.000.000. Y, sin embargo, le temblaba la voz por la radio mientras susurraba: «Tengo terror de que sea insuficiente».

Una extensa investigación que estudió a 165 personas «superricas» (que tienen más de $25.000.000) encontró resultados muy perturbadores:

> Los entrevistados resultaron ser un grupo insatisfecho en general, cuyo dinero había contribuido a profundizar ansiedades en relación con el amor, el trabajo y la familia. En efecto, a menudo estaban insatisfechos, incluso con sus considerables fortunas. La mayoría de ellos no se consideran financieramente seguros; para eso, expresaron, necesitarían en promedio un cuarto más de fortuna de la que ya tienen. [...] Uno de los encuestados, el heredero de una enorme fortuna, dice que lo que más le importa es su cristianismo y que su mayor aspiración es «amar al Señor, mi familia y mis amigos», pero respondió que no se sentiría financieramente seguro hasta que no tuviera $1.000.000.000 en el banco[15].

Como vemos, las preocupaciones financieras a menudo no desparecen, incluso sin tener deudas, un fondo cómodo para emergencias y un patrimonio de más de $25.000.000.

Cómo controlar la pregunta más peligrosa

Recuerde la historia al comienzo de este capítulo, donde la generosidad radical de Sage me hizo plantear una vez más la pregunta más peligrosa: *¿Se supone que debo dar todo mi dinero?* Ella, como lo sugiere su nombre (en inglés «Sage» significa *sabia*), también fue quien me encaminó hacia la sabiduría que necesitaba para responderla.

Un apacible domingo por la tarde, estábamos mirando un episodio de la exitosa serie *The Chosen*. En una de las escenas, después de que Jesús sana a la suegra de Pedro, esta salta de la cama y comienza a preparar bocadillos para todos mientras pregunta:

—¿A Jesús le gusta el queso de cabra?

Jesús mismo responde en la escena:

—¡Sí, me gusta el queso de cabra!

En ese momento, a Sage se le iluminaron los ojos y corrió de inmediato hacia mí, declarando con júbilo: «¡A mí también me gusta el queso de cabra!». Tammy y yo lagrimeamos ante ese hermoso cuadro de nuestra niña disfrutando de Jesús y su Padre celestial. Una vez pasada la emoción, de repente me di cuenta de que Sage, en su entusiasmo de compartir el gusto por el queso de cabra con Jesús, en realidad ¡había resuelto mi misterio en torno a la pregunta más peligrosa! Su declaración captó con elegancia una increíble cadena de hechos:

Nuestra sociedad nunca ha sido tan rica, y nunca ha estado tan preocupada por el dinero.

1. Jesús tuvo un cuerpo.

2. Desarrolló todo tipo de gustos personales interesantes, incluyendo (tal vez) el gusto por el queso de cabra.

3. Murió en la cruz para cargar con el castigo por nuestros pecados.

4. Dio a sus seguidores el Espíritu Santo por medio de su obra en la cruz.

5. Ascendió al cielo con un cuerpo físico y (tal vez) todavía le gusta el queso de cabra.

El resultado final de esta secuencia es que Jesús tiene mucho interés en nuestro cuerpo físico también, ese cuerpo que requiere de las finanzas para que podamos comer, vestirnos, tener un techo y estar cuidados. Jesús se interesa en un nivel mucho más profundo de lo que podemos imaginar porque hemos sido misteriosamente unidos a él por la obra del Espíritu Santo: «Mi antiguo yo ha sido crucificado con Cristo. Ya no vivo yo, sino que Cristo vive en mí» (Gálatas 2:20). Nuestro cuerpo ahora es parte de su cuerpo (1 Corintios 6:15).

Jesucristo nos dio ese increíble regalo de sí mismo mientras todavía estábamos separados de él a causa del pecado. Si aceptamos su regalo, morimos al pecado y morimos a las leyes del dinero que intentan condenarnos. Ya que *Ahora somos gente de la gracia*, ya no hay preguntas peligrosas. Ya no hay necesidad de preocuparnos de que Jesús pueda rechazarnos si no donamos todo nuestro dinero. Lo hagamos o no, la gracia de Jesús nos asegura que continuaremos siendo su tesoro pase lo que pase.

La gracia y las finanzas de todo corazón

Un hermoso día de sol, un estudiante entró a mi oficina con preguntas sobre su cartera de valores. Antes de ofrecerle mi consejo, le pregunté: «¿Has consultado con Jesús?». Eso lo tomó totalmente desprevenido. Aunque no lo dijo, su mirada perpleja comunicaba el mismo sentimiento que he visto expresado en muchas otras caras. *¿Qué tiene que ver Jesús con esto?*

Lamentablemente, cuando separamos a Jesús de nuestras finanzas, simplemente estamos dividiendo nuestros corazones. En otras palabras, no estamos manejando nuestro dinero *de todo corazón* y eso nos hace sentir ansiosos, alienados y solos. Cuando tomamos decisiones financieras sin Jesús, cuando nuestro salario queda seco y sin bautizar, es muy probable que nuestra «agobiante preocupación por el dinero» permanezca.

Como cristianos, no somos como el joven rico que tuvo que decidir entre Jesús y su dinero. Todo cristiano que ha aceptado a Jesús como Señor y Salvador ahora está misteriosamente unido a él, de manera que es una falsa disyuntiva incluir a Jesús en nuestras decisiones financieras o mantenerlo separado de ellas.

Desconfiar de Jesús en nuestras finanzas equivale a tener *finanzas de corazón dividido*. Al manejar solos nuestras finanzas, terminamos experimentando gran ansiedad y alienación. En contraste, cuando ponemos nuestra fe en el Cristo resucitado, unimos todo nuestro corazón al suyo. Un corazón completo no teme acercarse a Jesús con los asuntos del dinero. Esta vida paradójica se llama *finanzas de todo corazón*. Como todo nuestro corazón está unido a Cristo a través del Espíritu Santo, nuestras finanzas resultan una oportunidad para la adoración profunda y sensible.

Abrazar plenamente la gracia de Jesús de seguro creará terreno fértil para que respondamos con generosidad radical (2 Corintios 8–9), pero también estamos llamados a ser fieles en la administración del dinero que se nos confía (Lucas 16:12). Si damos radicalmente donde nunca tenemos riqueza, ¿cómo podemos crecer en nuestras habilidades de administración?

Esta es una tensión que quiero que este libro aborde por completo. Los principios que presentamos aquí lo ayudarán a ser financieramente hábil en sus planes de gasto, crédito, ahorro e inversión mientras responde a la increíble generosidad que Jesús tiene con usted. *Finanzas de todo corazón* responde preguntas prácticas como:

- ¿Cómo puede ayudarlo a crecer en su relación con Jesús el monitoreo de sus desembolsos?
- ¿Cuál es la mejor manera de planear sus gastos irregulares?
- ¿Conviene tener una tarjeta de crédito?
- ¿Qué pasa si su capacidad crediticia es baja?
- ¿Es financieramente sabio alquilar un automóvil?
- ¿Cuánto debemos contribuir a nuestros ahorros de jubilación?
- ¿Se debe invertir en el mercado de valores? Si es así, ¿de qué manera?
- ¿Cómo usar las herramientas del ahorro y la inversión para maximizar la posibilidad de dar generosamente?

El próximo capítulo provee un modelo de cómo reunir los elementos del gasto, el ahorro y el dar, usando su unión con Jesucristo como fundamento. A lo largo del resto del libro, este modelo actuará como marco para tomar las decisiones financieras diarias con todo su corazón, el cual está unido a Jesucristo.

EJERCICIOS DE TODO CORAZÓN

¿DÓNDE ESTÁ USTED AHORA?

(MARQUE CUALQUIER AFIRMACIÓN QUE CORRESPONDA).

Cuando pienso en pagar las cuentas y ahorrar para emergencias, yo...

❏ Ignoro a Jesús.

- » Jesús no tiene nada que ver con mi dinero.

- » Es probable que Jesús esté mirando sobre mi hombro, sacudiendo la cabeza en desaprobación.

- » Jesús solo quiere que yo sea pobre, y a mí eso no me gusta.

❏ Adoro a Jesús.

- » A Jesús le complace ser parte importante de mi vida, y a mí me complace compartir de todo corazón con mi mayor amor.

- » Jesús es increíblemente sabio y listo con el dinero. Su presencia me ayuda a ser un mejor administrador de su dinero.

- » Ya estoy en Cristo, de manera que estamos juntos en esto, pase lo que pase.

¿Qué número refleja mejor el involucramiento de Jesús en su vida financiera?

NO PIENSO EN JESÚS								ADORO A JESÚS	
1	2	3	4	5	6	7	8	9	10

BAUTICE SU NUEVO DINERO

Cuando nace un pollito, lo primero que ve lo considera su madre. Esto se llama impronta. De la misma manera, cuando el dinero llega a sus manos por primera vez, tendrá la impronta ya sea de (1) su antiguo ser que está muerto al pecado, pero sigue intentando arruinar todo para usted o de (2) su nuevo ser en Cristo.

En el primer caso, el dinero se deposita en un instante en su caja fuerte personal como «mi precioso dinero» para su uso exclusivo. Dar le resultará muy difícil porque será como dar una parte de sí mismo.

En el segundo escenario, el dinero tendrá naturalmente la impronta de «dinero de mi precioso Padre». Se alojará en su corazón como algo que le ha sido dado en el contexto de la comunidad de la iglesia, donde el Padre es la cabeza de la casa. Dar será mucho más fácil porque el dinero nunca quedó con la impronta de su caja fuerte personal, y dar no se sentirá como perderse a sí mismo.

❑ Piense en la próxima vez que reciba dinero de sus padres, su empleador o el gobierno (por ejemplo, un reintegro de los impuestos). Estime el monto: $_____.

❑ Romanos 5–6 dice que estamos muertos al pecado y vivos en Cristo. El apóstol Pablo habla de *conocer* esta verdad, de *contar* con que es cierta para nosotros (es decir, tener fe) y de *presentar* esa verdad ante el Señor y ante quienes nos rodean. Cuando llegue ese nuevo dinero, dedíquele un momento a bautizarlo con esas verdades.

1. **Conocer:** Romanos 6:10-11 dice: «Cuando él murió, murió una sola vez, a fin de quebrar el poder del pecado; pero ahora que él vive, vive para la gloria de Dios. Así también ustedes deberían considerarse muertos al poder del pecado y vivos para Dios por medio de Cristo Jesús». En esencia, usted y todo lo que usted posee está muerto al pecado y vive en Cristo. ¿Qué significa eso para usted?

_____

_____

_____

2. **Contar:** el «contar» es un término financiero que significa «hacer un inventario». Usted puede saber que algo es verdad, como que tiene $1000 en el banco. Pero lo considera verdadero cuando en verdad toma decisiones que implican «contar con» ese dinero. Reflexione sobre cómo cuenta con que es verdadero que está «muerto al poder del pecado y vivo para Dios por medio de Cristo Jesús».

_____

_____

_____

_____

3. **Presentar:** tal como la novia y el novio se presentan como recién casados, anote sus intenciones de presentarse a sí mismo y a su dinero reciente como muertos al pecado y vivos en Cristo.

_____

_____

_____

_____

Este nuevo dinero ahora tiene la impronta de su nuevo ser y está ubicado en la casa de su Padre, a total disposición de lo que Jesús quiera hacer con él. Ya sea que lo gaste, lo dé o lo ahorre, está bajo la bandera de gracia.

Es probable que necesite completar este ejercicio de impronta con cada salario o depósito bancario, ya que su antiguo ser jamás dejará de intentar ser la primera cara que vea su nuevo dinero.

CAPÍTULO 2

LA SABIDURÍA DEL MAR DE GALILEA

Nosotros, quienes hemos disfrutado del río de bendiciones de Dios, debemos pasarlas a otros.

LEANNE PAYNE, *LISTENING PRAYER* (ORACIÓN DE ESCUCHA)

Mi esposa y yo disfrutamos del senderismo. Cuando estábamos conociéndonos, hicimos una larga caminata por la región del Noroeste del Pacífico, una tierra de lluvia y neblina. Tammy iba hablando sobre lo asombrosa que sería la vista de la cascada al final del sendero. Caminamos durante horas en lo profundo del bosque y, cuando finalmente llegamos a la cumbre, la niebla era tan densa ¡que ni siquiera podíamos vernos uno al otro! Ambos nos sentimos bastante desilusionados (pero sonrientes, dado que recién estábamos comenzando a salir).

Sin mucha fe, le dije a Tammy que Jesús despejaría la niebla cuando yo soplara en ella. En broma dispuse los labios, soplé al aire y esperé. Aunque parezca mentira, después de unos minutos, ¡se despejó toda la niebla! Pudimos ver un gran lago, una cascada poderosa y la cumbre de una hermosa montaña. Seguimos sonriendo mientras contemplábamos todo sobrecogidos.

Aquí tenemos un misterio fantástico: el Rey del universo se preocupa por cada detalle de nuestras vidas. Desde proveer el pan de cada día hasta despejar la niebla en una caminata, su cuidado en verdad es generoso y demasiado maravilloso para que podamos entenderlo. «Dios amó tanto al mundo que dio» (Juan 3:16).

En cambio, yo no soy una persona generosa por naturaleza. Esta es una batalla que debo pelear hasta el día de hoy. El año pasado, mi familia y yo estábamos disfrutando un tiempo junto a la piscina cuando un amigo me pidió un poco de nuestro protector solar. ¡Yo dudé! Mi corazón en realidad no quería compartirlo. En ese momento, estaba pensando más en conservar nuestro protector solar de $12,50 que en el bienestar de mi amigo.

Cuando era pequeño, lo que más quería hacer era comprar mascotas y juguetes de *Transformers* y, luego, seguir ahorrando para comprar más lagartijas, hámsteres, pájaros y *Transformers*. De adolescente, no hubo ni un solo momento en que pensara que sería lindo ser generoso con mis salarios de Taco Bell. Si daba en mi iglesia, lo hacía con el ceño fruncido, como cuando se paga al cobrador de impuestos.

En la universidad, comencé a pensar en qué forma el dinero podría acercarme más a Jesús. En el primer año, comencé a experimentar involucrando al Espíritu Santo cuando daba. ¿Qué pasaría si mirara a mi alrededor las necesidades que hacía falta cubrir, en lugar de dar un 10% de forma impersonal?

Eso me resultó muy entretenido y todavía recuerdo el día cuando me di cuenta de lo que Dios había hecho en mi corazón. Hacía poco que me había graduado y vivía quincena a quincena como empleado temporario. Un día en que estaba repasando mi plan de ahorro, dije en voz alta: «¿Cuánto de mi salario debo guardar?». Antes de eso, toda mi vida había estado dominada por una pregunta totalmente diferente: «¿Cuánto tengo que dar?». En ese momento no pude evitar el llanto.

La economía de la Trinidad

Este capítulo explorará cuán profunda puede ser nuestra relación con Jesús al gastar, dar y ahorrar. Jesús en verdad está *con nosotros*. Pero ¿qué tan cerca está? ¿Es un amigo que nos da ánimo? ¿Un ángel de la moral que desde nuestro hombro nos frena cuando estamos por pedir torta de chocolate fundido con crema chantilly para el postre? ¿Un miserable que se enoja si ponemos dinero en un plan de ahorro para la jubilación en lugar de donarlo?

Como vimos en el capítulo 1, nuestra ruptura en relación con el dinero, a menudo, es provocada por huir de Jesús con nuestras vidas financieras. Muchas personas creen erradamente que Jesús es «solo espiritual» y que el dinero es una tarea impura que deben manejar por su cuenta. Pero el dinero está tan fundamentalmente atado a las cosas más profundas de Dios que el apóstol Pablo eligió describir la verdad más importante del universo ¡usando vocabulario económico! Para ayudar a sus lectores a entender los misterios de la obra de Jesús en la cruz, Pablo usó la palabra *oikonomia*. Los griegos antiguos usaban esta palabra para describir la forma en que una casa debía manejar sus recursos. Propongo una manera de parafrasear el significado en Efesios 1:9-10: «Dios nos hizo conocer el misterio de su voluntad [...] por medio de una economía [*oikonomia*] en la que, cuando se cumpla el tiempo, él reunirá todo bajo un título: ¡Cristo!»[16].

Oikonomia proviene de dos palabras griegas: *oikos*, la cual significa «casa», y *nemō*, la cual significa «ocuparse de administrar». Esta última palabra está relacionada con la palabra *nomos*, la cual significa «ley». Los antiguos filósofos griegos entendían esta palabra como la ley que provee para la administración ordenada de la casa[17]. Jesús la usó tres veces en su parábola del siervo deshonesto (Lucas 16:1-13), en la cual el amo le pide a su mayordomo que le rinda cuentas de la «administración» (es decir, *oikonomia*) de su casa. Esta palabra se traduce a menudo como «economía»; los individuos o los grupos *economizan* cuando procuran administrar adecuadamente los recursos de sus casas.

Pero Pablo usó la palabra *oikonomia* de una manera completamente nueva. Según él, Dios administró (es decir, hizo *oikonomia*) o *economizó* a su Hijo y al Espíritu para salvarnos. Lo hizo (1) enviando generosamente a su Hijo Jesucristo, permitiéndole tomar forma humana y asumir el castigo de nuestro pecado al morir en la cruz y (2) enviando a su Espíritu Santo, permitiéndole habitar en aquellos que han sido hechos justos al aceptar el perdón de Cristo.

¡Qué extraño que Pablo argumentara que Jesucristo es algún tipo de recurso financiero administrado por Dios el Padre! Suena a dinero, algo con lo que supuestamente Jesús no tendría nada que ver. Hablar de las cosas profundas de Dios como una «economía de la salvación» ¿parece de mal gusto?

La respuesta categórica es no, en especial cuando el dinero y las posesiones son el segundo tema más discutido en la Biblia y aparece en 2350 versículos[18]. Si tantas veces en la Biblia se trata sobre Dios y el dinero a la vez, entonces, eso es justamente lo que nosotros también deberíamos hacer.

Efesios 1:9-10 no es el único que utiliza un término monetario para describir un tema espiritual importante. Consideremos también los siguientes:

* **La expiación:** «[Dios] nos ha perdonado todos los pecados. [...] Anuló el documento de deuda que había contra nosotros y que nos obligaba; lo eliminó clavándolo en la cruz» (Colosenses 2:13-14, DHH). La

expiación de nuestros pecados por Cristo se describe como una *deuda* financiera que ha sido cancelada.

- **La fe:** «Así también ustedes deberían considerarse [el original griego usa el término λογίζομαι que significa considerar, y también contar, computar, hacer inventario] muertos al poder del pecado y vivos para Dios por medio de Cristo Jesús» (Romanos 6:11). Nuestro acto de fe en el poder de la cruz se describe como cuando un comerciante *considera* su inventario.

Si Pablo utiliza lenguaje financiero para hablar sobre la Santa Trinidad y la cuestión de la salvación, pienso que entonces es apropiado que nosotros usemos lenguaje espiritual para entender mejor cómo debemos manejar nuestra vida económica.

Tres claves para la administración cristiana

San Agustín afirmó en una ocasión que, a través del Espíritu Santo, la esencia del Trino Dios reside *en una persona*[19]. Esta realidad necesita ser la piedra angular de un modelo de planeación financiera cristiana personal. Descifremos tres formas claves en que, tener la Trinidad viva y activa en la vida cristiana cambia la visión del dinero.

Primera clave: un nuevo corazón

Antes de conocer el evangelio, estamos estancados en un mundo de «deseos ilimitados y significados limitados». Todo depende de nosotros y debemos ganar un salario para vivir. ¡Nuestro corazón ansía ganar dinero! Pero cuando la Trinidad entra en nuestras vidas, obtenemos un nuevo corazón que se maravilla por todo lo que ha recibido, ¡y ansía devolver! ¿Y qué es lo que se nos ha dado?

Primero, hemos recibido *ingresos* del Padre (Mateo 6:25-34); es parte del corazón generoso del Padre proveernos el pan de cada día (Mateo 6:9-11). Esos ingresos de parte del Padre nos ayudan a satisfacer nuestras necesidades materiales de alimento, ropa y techo. Pero esos ingresos son solo una parte de las muchas provisiones que el Padre está activamente dándonos. Otras provisiones incluyen *tiempo, talentos* y *salud*.

Sin embargo, por mucho, la provisión más importante del Padre no es ninguna de esas cosas. Más bien, es su Hijo unigénito, *Jesús*, y el *Espíritu Santo*.

Ellos reflejan la perfecta economía de la salvación, la cual asignó al Hijo para hacerse carne (la encarnación) y al Espíritu Santo para producir la santificación de los nuevos hijos recién adoptados por Dios (que mora en nosotros). Estas dos provisiones necesitan ser incorporadas en un modelo cristiano de planeación financiera ya que cambian *toda la forma* en que recibimos esos ingresos.

Como resultado de esa provisión de ingresos —el Hijo (Jesús) y el Espíritu Santo— nuestro corazón es transformado para reflejar el corazón del Padre y nos convertimos en nuevas creaciones que se dan a sí mismas. Nuestro nuevo corazón es generoso porque está entramado en la vida interior de la generosidad de Dios. Nuestra capacidad de dar está atada para siempre a nuestra identidad de estar unidos a Jesucristo y la generosidad que fluye en y desde la Trinidad (ver Romanos 5:5; 8:26-27, 32; Filipenses 2:7-8).

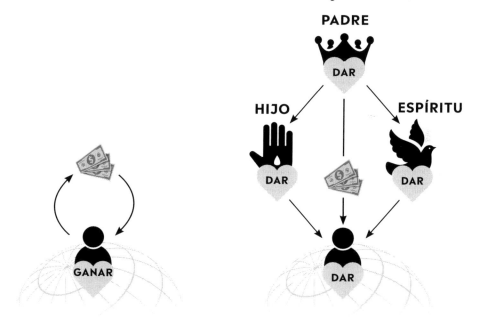

Nuestro antiguo corazón   Nuestro nuevo corazón

Segunda clave: una nueva misión

Antes de entender la realidad del evangelio, nuestra principal misión era ahorrar lo suficiente para consumir. Al estar inmersos en nuestras diversas «liturgias» de publicidades y compras, aprendimos que la meta final de nuestras vidas era la adquisición y el consumo. Sin el evangelio, repetíamos inconscientemente el siguiente «credo» de la cadena de supermercados Costco: *Nuestra meta principal es adquirir objetos que podamos disfrutar para siempre.*

Una vez que la realidad de la Trinidad se hizo vital en nuestro corazón, nuestra nueva misión pasó a ser lo que es más natural: amar como fuimos amados y, al hacerlo, dar como se nos ha dado. Con un corazón que ansía dar, procuramos consumir de maneras que ministren generosamente a otros. El apóstol Pablo expresa concisamente nuestra nueva misión monetaria como cristianos: «Procuren también *sobresalir* en esta gracia de dar» (2 Corintios 8:7, NVI).

Dar está en el centro del carácter de Dios y de la naturaleza trinitaria: «Dios amó tanto al mundo que dio» (Juan 3:16). Cuando recibimos los regalos o ingresos del Padre —el Hijo y el Espíritu— estamos preparados para mostrar la generosidad de Dios dando nuestro ser material (tiempo, talentos y tesoros) y nuestro ser espiritual (nuestra unión con Cristo y el Espíritu Santo).

Al hacerlo, el mundo tiene acceso al Hijo y al Espíritu porque estamos «en Cristo» (Gálatas 3:26) y el Espíritu mora en nosotros, lo que nos convierte en parte de la economía de salvación de Dios. En otras palabras, si comenzamos a imitar la generosidad de Dios con todo nuestro ser, nos volvemos un recurso para Dios. Entonces Dios comienza a hacer economía con nosotros ¡para traer salvación al mundo!

El erudito del Nuevo Testamento Craig Blomberg, quien analizó ampliamente todos los pasajes bíblicos que hacen referencia al dinero y a las posesiones, encontró que «este principio de generosidad y compasión con las bendiciones materiales se extiende por las Escrituras hebreas y se aplica a todos, desde el nivel de base de las comunidades rurales a lo largo de toda escala social hasta el rey»[20].

La Biblia contiene más de 2100 instancias de la palabra *dar*; la palabra *amor* se usa alrededor de setecientas veces[21]. En *La cruz de Cristo*, el teólogo John Stott señaló: «Lo que dominaba la mente de Jesús no era la idea de seguir viviendo, sino la de dar su vida»[22]. Es al experimentar la triple bendición del Hijo, el Espíritu y la provisión de ingresos de Dios que puedo lanzarme en un viaje que me hace más generoso, como mi Padre. A menudo, la magra, rancia y pequeña parte de generosidad que tengo para darle al Señor es todo lo que él necesita para hacer cosas asombrosas.

También es muy alentador saber que ya tengo la generosidad de Jesús fluyendo en mi sangre, gracias a su obra completada en la cruz. El apóstol Pablo explicó que, gracias a la riqueza de la generosidad de Cristo que se nos ha dado, ahora tenemos esa misma generosidad. John Barclay, un estudioso de Pablo, resumió 2 Corintios 8:9 así: *Conocen la generosa gracia de nuestro Señor Jesucristo. Él era rico [en generosidad], pero se hizo pobre por usted para que por medio de su pobreza, pudiera enriquecerlo [en su propia generosidad][23].* Después de ser unido a Cristo ya no necesito enfocarme en *tratar* de ser una persona generosa; en lugar de eso, estoy en el camino de aprender a expresar la generosidad que ya tengo en Cristo. Discutiremos esto con mayor detalle en el próximo capítulo.

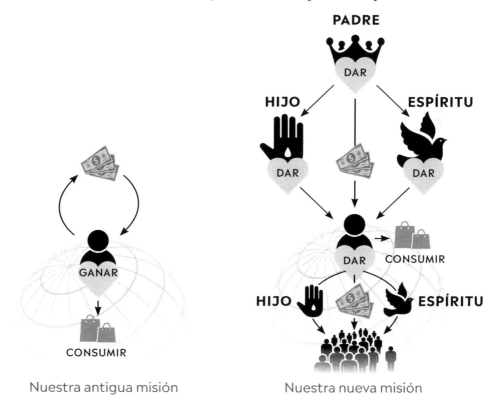

Nuestra antigua misión   Nuestra nueva misión

Tercera clave: una nueva visión para ahorrar

Pero si es tan importante dar, ¿significa eso que no debemos ahorrar o invertir? La respuesta breve es no. Cuando nuestra unión con Cristo está totalmente viva en nuestra mente y en nuestro corazón, no nos sentimos tentados a usar el ahorro y la inversión como un «salvador» unido a nuestra identidad. En lugar de eso, lo usamos como una herramienta que nos ayuda a mantener un canal saludable de generosidad.

Antes de recibir el evangelio, el ahorro es un tipo de bien que consumimos para obtener seguridad o más bienestar a través de mayor consumo en el futuro. Sin embargo, no es necesario intentar usar de esa manera los ahorros, ya que la Biblia afirma que Dios es la única fuente de verdadera seguridad y bienestar (ver Salmo 46:1 y 2 Corintios 1:3). Una vez que somos una nueva creación en Cristo, procuramos usar los ahorros como una manera de responder a la generosidad de Dios con nuestra propia generosidad. Sin ahorros, a menudo, podemos quedar atrapados en ciclos de emergencia y deuda financieros. En esos ciclos dañinos, nuestra energía y los bienes dados por Dios pueden ser captados por otros que no tienen en mente nuestro bienestar. Eso daña nuestra habilidad para ser generosos.

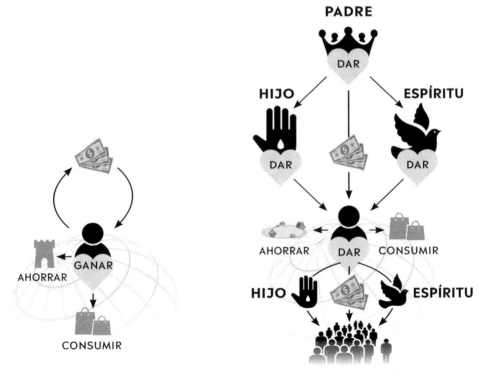

Antigua visión para ahorrar   Nueva visión para ahorrar

Las «reservas» de ahorros tienen la habilidad de magnificar la habilidad de una persona para dar a lo largo de su vida actuando de manera similar a un depósito de agua, el cual se construye lentamente en el tiempo para ayudar a la comunidad durante los tiempos de sequía e incendios. Personalmente, tengo seis meses de efectivo como reserva de ahorros, lo que aumenta mi capacidad para dar. Si pierdo mi empleo, no tendré que dejar de dar de inmediato ni a mi iglesia ni a los misioneros que mantenemos.

Mi plan de gastos (lo que me ayuda a asegurarme de que gastaré menos de lo que gano), junto con un *plan financiero completo* (que tiene en cuenta mis ahorros, los impuestos, los activos personales y la ausencia de deudas), son herramientas que me permitirán mantener mi capacidad de dar en medio de las inevitables estaciones financieras difíciles de la vida, así como durante mi vejez. Analizaremos cómo crear un plan de gastos en los capítulos 4 y 5 y un plan financiero completo en el capítulo 15.

Uso mi plan de gastos y mi plan financiero como un granjero usa su granero: para ser competente. Sin un granero, un granjero no podría sobrevivir en las inevitables estaciones de invierno. El granjero no usa su granero para dejar de atender su granja, sino para almacenar sus recursos a fin de poder mantener su granja, producir cosechas y servir a su comunidad con los alimentos que produce. De la misma manera, podemos usar nuestros ahorros en el contexto de un plan financiero para servir mejor a nuestras comunidades.

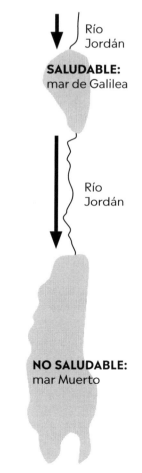

Río Jordán

SALUDABLE:
mar de Galilea

Río Jordán

NO SALUDABLE:
mar Muerto

Imitando al mar de Galilea

En Israel, hay dos principales cuerpos de agua tierra adentro: el mar de Galilea y el mar Muerto (técnicamente son lagos, pero no había una palabra hebrea para *lago* cuando recibieron sus nombres). Ambos son alimentados por el río Jordán, pero uno está muerto y el otro está lleno de vida. ¿Por qué esa diferencia?

Principalmente, la diferencia radica en si existe o no un desagüe. En el caso del mar de Galilea, lo hay, pero en el caso del mar Muerto, el agua queda atrapada. Mientras que el mar de Galilea deja ir libremente una parte de lo que recibe, el mar Muerto se cierra sobre lo que ha recibido, considera escasos todos los recursos y los acumula hasta el punto en que se forma sal, la cual mata todo lo que hay en el lago.

Como cristianos, vivos en Cristo, nuestras vidas financieras deberían ser como el mar de Galilea. Cuando usamos las tres claves de administración: tener un nuevo corazón, una nueva misión y una nueva visión de nuestros ahorros, entonces, podemos usar las herramientas de planes de gastos, créditos, ahorros e inversiones para hacer planes mayores y más ambiciosos a favor de una vida de generosidad. Los ingresos, los cuales vienen como regalo del Padre, pueden fluir libremente hacia nuestra comunidad. Este flujo tiene que ser espontáneo y sostenible.

Como las analogías con la naturaleza nos ayudan a captar en mayor profundidad las verdades espirituales (por ejemplo, el Espíritu Santo como viento, el reino como una semilla), voy a superponer el diagrama de la Trinidad con la analogía del mar de Galilea. Este es un modelo de cómo debería un cristiano pensar en su plan financiero personal dada su identidad en Cristo. Se llama *Modelo financiero mar de Galilea*. El propósito de proveer este modelo estilístico es que usted pueda planear con más facilidad la forma en que Jesús lo está llamando a «sobresalir en la gracia de dar», permitiéndole ver que todos los componentes y las realidades de nuestras finanzas trabajan en conjunto para lograr un propósito. El balance de cada persona entre *ingresos*, *ahorros*, *consumo* y *donaciones* se verá diferente. Pero la actitud del corazón debería ser la misma: ¡el total y absoluto asombro de lo que hemos recibido del Padre!

A la luz de la centralidad que tiene el dar en las finanzas de todo corazón, necesitamos explorar cómo se ve esto desde una óptica práctica. Por ejemplo, ¿«ser generoso» significa que damos el 10% de nuestro ingreso? En forma resumida, no necesariamente. En el próximo capítulo daremos una mirada a cómo fue diseñada nuestra vida de dar para que sea placentera, emocionante y una respuesta cabal a nuestra identidad en Cristo mientras recibimos y compartimos su naturaleza generosa.

Modelo financiero mar de Galilea

EJERCICIOS DE TODO CORAZÓN

¿DÓNDE ESTÁ USTED AHORA?

(MARQUE CUALQUIER AFIRMACIÓN QUE CORRESPONDA).

Cuando usted toma decisiones financieras, el Espíritu Santo...

❏ No está involucrado.

» Yo tengo toda la responsabilidad financiera, y es una pesada carga sobre mis hombros.

» Si tomo una mala decisión financiera, lo lamento intensamente.

» Siempre siento que no estoy haciendo las cosas bien, y no hay nadie que pueda ayudarme en realidad.

❏ Está íntimamente involucrado.

» Me siento honrado y estoy agradecido de que Dios me haya dado la responsabilidad de ayudar a manejar su dinero.

» Busco y espero la guía del Espíritu Santo antes de tomar cualquier decisión financiera.

» Busco con regularidad ver cómo Dios puede usar mis finanzas para bendecir a otros.

¿Qué número indica mejor el involucramiento del Espíritu Santo en sus finanzas?

EN ABSOLUTO								ÍNTIMAMENTE INVOLUCRADO	
1	2	3	4	5	6	7	8	9	10

PRACTICAR LA ORACIÓN CENTRADORA

La oración centradora, una tradición que comenzó en la iglesia primitiva, expresa verdades sencillas de una manera que nos centra en Jesucristo. (Para una exploración más detallada de este tipo de oración lea el excelente libro de Richard Dahlstrom, *Forest Faith* [La fe del bosque]).

❏ Diga las siguientes oraciones y reflexione sobre el significado en su corazón:

1. Jesús sobre mí: *Yo recibo.*

«Entonces sopló sobre ellos y les dijo: "Reciban al Espíritu Santo"» (Juan 20:22).

2. Jesús debajo de mí: *Estoy arraigado.*

«Y pido que, arraigados y cimentados en amor, puedan comprender, junto con todos los creyentes, cuán ancho y largo, alto y profundo es el amor de Cristo» (Efesios 3:17-18, NVI).

3. Jesús a mi alrededor: *Estoy conectado.*

[Jesús dijo] «Ciertamente, yo soy la vid; ustedes son las ramas. Los que permanecen en mí y yo en ellos producirán mucho fruto» (Juan 15:5).

4. Jesús en mí: *Soy llamado.*

«Ustedes no me eligieron a mí, yo los elegí a ustedes. Les encargué que vayan y produzcan frutos duraderos, así el Padre les dará todo lo que pidan en mi nombre» (Juan 15:16).

❏ El modelo financiero *mar de Galilea* provisto en este capítulo puede parecer un poco abstracto y difícil de incorporar como propio, pero los capítulos que siguen lo equiparán con el conocimiento y las herramientas que necesita. El capítulo 15 combinará todo lo aprendido para que pueda comenzar a hacer su plan. Por ahora, medite en la oración centradora que sigue y empápese de lo que dice acerca de quién es usted y su propósito con el dinero.

1. Jesús sobre mí: *Recibo a Jesús, al Espíritu Santo y todas las dulces provisiones de Dios. Recibo más de lo que podría imaginar.*

2. **Jesús debajo de mí:** *La naturaleza providencial de Dios, al darnos su Hijo y su Espíritu, me ha plantado en el rico suelo de su reino. Como su hijo adoptivo, en verdad estoy arraigado en la casa de Dios y he sido transformado para tener el mismo corazón generoso que el Padre.*

3. **Jesús a mi alrededor:** *Jesús está en su trono, utiliza a su pueblo en un gran plan de redención de toda la creación. Por medio de mi adopción, estoy conectado a su reino y a los ciudadanos de su reino, mis hermanos y hermanas en Cristo.*

4. **Jesús en mí:** *Estoy en Cristo y me entusiasma hacer su trabajo con la ayuda del Espíritu Santo. Soy llamado al mundo para ser generoso con lo que el Padre me ha dado: el Hijo, el Espíritu Santo, mi dinero, mi tiempo y mis talentos. Lo hago en respuesta al amor de Dios y con un corazón alegre. Usaré las herramientas que ayudan a la planeación financiera personal para llevar adelante un estilo de vida más generoso y sostenido.*

CAPÍTULO 3

ELEMENTOS DEL DAR, CORRIENTES, SISTEMAS Y FLUJOS

El pueblo se alegró por las ofrendas, porque había dado libremente y de todo corazón al Señor.

1 CRÓNICAS 29:9

Aunque no soy alguien generoso por naturaleza, sí soy curioso por naturaleza. Para mí, ofrendar es algo curioso. Cuando tenía veinticinco años, descubrí que dar es una de las mejores maneras de expresar la fe. También vi claramente que la fe fue lo único que hizo que Jesús se maravillara (Lucas 21:1-4; Mateo 8:10). Mi mente analítica comenzó a calcular: *Ofrendar generosamente equivale a fe, lo cual equivale a que Jesús se maraville. Qué curioso, ¡debería probar esta ecuación!* Entonces, en nombre de la ciencia, miré el corazón de Jesús y pensé: *Voy a dar con osadía y veré qué ocurre.*

Mientras pensaba en qué implicaría para mí «dar con osadía», lo que se me vino a la mente fue que debía dar todo mi bono, alrededor del 20% de mi salario anual. Pero había un problema: quería hacer un posgrado. Había calculado que necesitaría ahorrar cada bono además de, por lo menos, el 15% de cada salario para poder afrontar el costo. Estaba claro que no sería prudente endeudarme.

Dado que no soy una persona ni generosa ni osada por naturaleza, decidí sacar «un vellón de lana» como hizo Gedeón en Jueces 6:36-40 (rvc). Gedeón le pidió a Dios que confirmara su voluntad haciendo algo milagroso, aunque en la mayoría de los casos es probable que no sea una buena idea pedirle una señal a Dios.

Mi «vellón» fue pedirle a Dios que me diera $200 de una manera del todo inesperada. No sé por qué especifiqué ese monto en particular; lo elegí al azar. A las dos semanas, recibí dos cheques: uno de la empresa de mi tarjeta de crédito y el otro de la empresa de servicios públicos. Ambos fueron totalmente inesperados y sumaban $200, de manera que ¡estaba listo!

Le pedí al Señor que pusiera alguien en mi camino que necesitara el monto de mi bono. Después de una semana, un amigo me confió que estaba teniendo problemas para dormir por una deuda con la tarjeta de crédito que tenía su familia por haber financiado una conferencia de oración. El monto de esa deuda ¡era el monto exacto de mi bonificación!

¿Y cómo resolví los gastos de mi posgrado? Finalmente, asistí a una universidad diferente donde la matrícula era mucho más económica y pude terminar libre de deudas. Esa experiencia, en la cual me sentí absolutamente asombrado por la bondad de Jesús hacia mí, me hizo cambiar mi ecuación. En lugar de la premisa «ofrendar generosamente equivale a fe, lo cual equivale a que el corazón de Jesús se maraville», fue inevitable concluir que «ofrendar generosamente equivale a fe, lo cual equivale a que ¡*mi* corazón se maraville!».

Un canal para dar

Como lo destacó el capítulo 2, nuestra vida financiera está destinada a ser más como el mar de Galilea que como el mar Muerto. Lo hacemos usando las tres claves de la administración: un nuevo corazón, una nueva misión y una nueva visión para ahorrar. Podemos imaginar que el mar de Galilea ve sus recursos como abundantes, por eso da libremente lo que ha recibido. En contraste, el mar Muerto cierra las manos alrededor de lo que ha recibido porque ve todos los recursos como escasos y acumula sal hasta el punto en que todo lo que hay en su interior muere.

Quienes dan a los vulnerables, en realidad, están alimentando, vistiendo y restaurando a Cristo mismo.

Del mar de Galilea fluye el río Jordán, un lugar que Dios usó de manera asombrosa. Josué y los israelitas cruzaron el río Jordán hacia la Tierra Prometida (Josué 3–4). Allí es donde Elías y Eliseo realizaron milagros increíbles (1 Reyes 17:1-6; 1 Reyes 2), Juan el Bautista ministró (Lucas 3),

Jesús fue bautizado (Mateo 3:13-17) y Jesús encontró refugio y descanso después de que sus oponentes intentaron atraparlo (Juan 10:22-42).

Todos podemos tener un corazón íntegro del que fluyen hacia afuera ríos de servicio y ministerio. Personalmente siento que es de verdad maravilloso pensar que puedo servir como un canal mediante el cual Cristo mismo halla refugio. Esta es la figura que se nos da en Mateo 25:31-46, donde quienes dan a los vulnerables, en realidad, están alimentando, vistiendo y restaurando a Cristo mismo.

En este punto, de seguro hay una pregunta importante que le martilla la cabeza: *Sí, sí, entiendo que debemos dar, pero ¿cuánto debo dar? En la práctica, ¿qué significa ser un gran canal para dar?* La primera manera de responder a esa pregunta es encarar lo que eso *no* significa.

La caja del 10%

Si se le pregunta al cristiano promedio qué significa ser generoso en un sentido práctico, es probable que le responda: «Dar el 10%» o «Dar el diezmo», lo cual significa dar la décima parte de sus ingresos. Cada semestre, cuando les pido a mis estudiantes que hagan un plan financiero personal, muchos dicen algo así como «Doy el 10% porque eso manda la Biblia».

Pero un cristiano que quiera ser «un dador bíblico del diezmo» en realidad tendría que entrar a la comunidad israelita y dar tres tipos diferentes de diezmo:

1. El diezmo levítico anual (Levítico 27:30-32; Números 18:21, 24)

2. El diezmo del festival anual (Deuteronomio 14:22-27)

3. El diezmo para los pobres cada tres años (Deuteronomio 14:28-29)

La suma de esos tres diezmos equivaldría a dar entre el 20–33% de su ingreso anual. Aunque el diezmo se menciona dos veces en el Nuevo Testamento (Hebreos 7:1-19 y Mateo 23:23-24), en ninguna de esas referencias es un mandato.

En efecto, Pablo es muy claro en que no se nos debe exigir la forma de dar dinero a la iglesia: «Quiero que también sobresalgan en este acto bondadoso de ofrendar. No estoy ordenándoles que lo hagan, pero pongo a prueba qué tan genuino es su amor al compararlo con el anhelo de las otras iglesias» (2 Corintios 8:7-8).

Los eruditos han rastreado la relación entre la iglesia cristiana y el diezmo hasta el concilio de Tours (587 d. C.) y el segundo concilio de Macon (585 d. C.), cuando no dar el diezmo a la iglesia llevaba a la excomunión[24].

La regla de dar el 10% también puede alentar un tipo de legalismo que mata el mensaje del evangelio porque, a menudo, encasilla a Jesús en una «caja del 10%». En esta caja, le damos a Jesús el «10%» y, por suerte, podemos hacer lo que se nos antoje con el 90% restante.

Pero, como discutimos en el capítulo 1, no queremos vivir en un mundo donde nuestros corazones estén divididos y no estemos bautizados por completo en Jesús. Jesús debe tener autoridad sobre el 100% de los ingresos de nuestras vidas.

Cuatro categorías en el dar

Después de impartir una conferencia en la que dije que el diezmo carecía de base bíblica, un colega de la facultad hizo la siguiente pregunta sencilla: «Si no es el 10%, ¿entonces cuánto? ¿Cómo sabremos qué hacer si no seguimos una regla simple como el diezmo?».

Mi respuesta fue que una regla es inamovible e ineludible, como el cementerio. Está escrita en un documento legal fijo. En cambio, manejar el dinero debería ser más como el jardín de infantes: lleno de juego y exploración.

Pero los jardines de infantes también son espacios de confusión y rodillas magulladas, de manera que es mucho más seguro acordar que el 10% es la regla que todos deben seguir. La autora Leanne Payne citó en una ocasión a un clérigo que dijo: «¡Es mucho más fácil dirigir un cementerio que un jardín de infantes!»[25]. Lo que la Biblia enseña sobre el diezmo, sin embargo, es menos como la ley y más como la gracia, donde el riesgo de quedar herido por un juego menos estructurado lleva a disfrutar mucho más del juego.

En lugar de caer automáticamente en el diezmo, yo aliento a la gente a que piense en dar como algo fundamentalmente relacional, en especial cuando se incluye al Espíritu Santo en la cuestión. Clasificar el ofrendar en cuatro categorías diferentes lo hace más dinámico y divertido: (1) *Elementos*, (2) *Corrientes*, (3) *Sistemas* y (4) *Flujos*. A medida que trabaje estas cuatro categorías, debería surgir una estrategia personalizada de dar para su hogar, una que vaya más allá de establecer una «regla para dar» legalista.

CUATRO CATEGORÍAS DEL DAR

1. TRES ELEMENTOS	2. TRES CORRIENTES	3. OCHO SISTEMAS	4. TRES FLUJOS
1. Tiempo 2. Talentos 3. Tesoro	1. La iglesia 2. La comunidad/ los vecinos 3. El mundo	1. Porcentaje de los primeros frutos 2. Porcentaje creciente 3. Monto fijo de los primeros frutos 4. Una meta para dar 5. Ingreso familiar promedio 6. Porcentaje residual 7. Meta financiera 8. Círculo para dar	1. Dar en forma planeada 2. Dar en forma sensible 3. Dar en forma desmedida

Tres elementos del dar: (1) tiempo, (2) talentos, (3) tesoro

Cuando procuro dar usando la guía del Espíritu Santo, me gusta visualizar que tengo tres elementos para dar: (1) tiempo, (2) talentos y (3) tesoro. Para los propósitos de este libro, el *tesoro* se define como el dinero y las posesiones. Cuando se piensa en generosidad, es un gran error detenerse en uno solo de los tres elementos del dar. Así como el Padre da incluyendo los tres elementos en uno (¿puede imaginarlo dándonos bienes, pero no la dulce presencia de su Hijo y su Espíritu?), cuando damos, debemos procurar incluir estos tres elementos.

Por ejemplo, hace varios años cuando vivía en San Diego, supe del genocidio cristiano en Sudán. Los sudaneses cristianos eran asesinados en las calles o forzados a abandonar el lugar. Por medio de mi iglesia descubrí que había muchos sudaneses del sur refugiados que vivían cerca de mi casa. Tuve curiosidad y me ofrecí a llevarlos en mi automóvil para que pudieran hacer sus trámites y mandados.

Cuanto más tiempo pasaba con esos refugiados, más comencé a ver cómo podía ayudarlos financieramente y con mis talentos de administración, escritura y trabajos de video. Mi billetera se abrió gustosa para ayudar a esta gente asombrosa tan llena de vida y belleza. Al dar mi tiempo, talentos y tesoro juntos, terminé formando parte de un proceso de dar dinámico y gozoso que involucró todo mi ser.

Si damos usando los tres elementos, tendremos una vida de dar más profunda. Pero eso puede parecer imposible para algunos de nosotros, debido a nuestras agendas completas y las diversas exigencias de la familia y el trabajo. El simple hecho de pasar por un comedor comunitario puede parecerle abrumador si ayudar de esa forma no está conectado con sus pasiones. Tendemos a hacer lugar para las cosas que nos interesan profundamente.

A menudo, encontrar una manera de dar que se adapte naturalmente a usted puede ser una ayuda. Una forma de hacerlo es pensar en los momentos más difíciles de su vida. En general, donde ha tenido que luchar es donde ha construido una increíble reserva de empatía para otros que están luchando en la misma área. Esta empatía genera una motivación para darse a sí mismo. Por ejemplo, si sus padres se divorciaron cuando era pequeño, es probable que tenga mucha empatía con cualquier niño cuyos padres se estén divorciando. Si fue adicto a las drogas, puede empatizar con aquellos que siguen atrapados en sus adicciones.

FONDO ASIGNADO POR EL DONANTE (DAF)

Un Fondo Asignado por el Donante (DAF, por su sigla en inglés), o cuenta de inversión benéfica, es una herramienta que hace que dar sea más entretenido, efectivo, organizado y abarcador. Para más detalles, ver WholeHeartFinances.com/spanish/#home (Apéndice, capítulo 3).

Para mí, fue el terrible accidente que tuve a los trece años, el cual me obligó a pasar mucho tiempo en el hospital. Debido a esa experiencia, naturalmente quiero estar con otros que están sufriendo en un escenario de hospital. Tiendo a dar con gusto mi tiempo, mis talentos y mis tesoros para las necesidades médicas. Durante un tiempo, incluso tocaba la guitarra clásica en un hospital de niños. Pero en esto me siento obligado a confesar que ¡estaba ofreciendo un talento inferior, en el mejor de los casos!

Tres corrientes del dar: (1) la iglesia, (2) la comunidad, (3) el mundo

Los elementos del dar (tiempo, talento y tesoro) alimentan las tres corrientes del dar que son: *la iglesia*, *la comunidad* y *el mundo*. Estas tres primeras corrientes reflejan el mandamiento de Jesús en Hechos 1:8 de ser sus testigos en Jerusalén (la iglesia local), Judea (la comunidad: organizaciones locales sin fines de lucro y vecinos) y hasta los confines de la tierra (el mundo). Si da solo a una de estas corrientes, su visión del llamado de Dios puede verse entorpecida. Por ejemplo, dar solo a la iglesia local puede limitar su visión del amor de Dios por todo el mundo. De la misma manera, dar solo a las organizaciones locales sin fines de lucro deja de lado la misión dada por Dios a la iglesia local de ser la novia de Cristo.

Cuando pienso en qué porcentaje de lo que doy debería ir a cada corriente, intento no tener reglas, sino más bien un principio básico que me guíe: *La iglesia local debe tener prioridad sobre las otras dos corrientes.* Tengo este principio por dos motivos:

1. La iglesia local es la forma en que Dios el Padre ha elegido para traer la salvación (Mateo 16:18).

2. Me beneficio de lo que la iglesia provee, de manera que también hay una cierta justicia cuando ayudo a financiar las actividades de las que me beneficié.

Dado ese principio general, tengo un punto de referencia y es que me gustaría que, al menos, la mitad de lo que doy sea para mi iglesia local. A partir de allí, divido el 50% restante por la mitad, y dedico el 25% a organizaciones

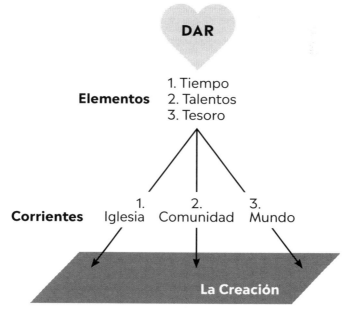

Elementos y corrientes del dar

sin fines de lucro locales o vecinos y el 25% restante a las necesidades del mundo. Usted puede tener un punto de referencia diferente. Cuando decida sobre sus montos para las corrientes del dar, asegúrese de buscar la sabiduría que viene de la Palabra de Dios, el Espíritu Santo y la comunidad cristiana.

Además de las tres corrientes de arriba, nuestra familia dedica el uno por ciento de nuestro ingreso mensual a una cuarta corriente del dar llamada «Familia y amigos», la cual nos permite regalarles flores o libros o invitarlos a almorzar, por puro gusto. Cuando queremos bendecirlos, no necesitamos romper nuestro plan de gastos porque ya hemos separado dinero para dar de esa manera. Esto me ayuda mucho porque no soy naturalmente generoso y doy mucho más si el dinero ya está apartado para algo. Ver el capítulo 5 para una forma fácil de establecer un sobre digital que pueda contener el uno por ciento de su ingreso mensual como un tipo de fondo para agasajar a su familia o amigos de una manera planeada o espontánea.

Ocho sistemas para dar

La mayoría de la gente supone que, en las corrientes del dar, *un porcentaje del salario* (u otras formas de ingreso) es la única manera de dar el elemento tesoro. Si esta es su única manera de ofrendar, es probable que ponga demasiada presión sobre usted hasta encontrar el «porcentaje correcto». En lugar de eso, necesitamos considerar que su disposición a dar se puede beneficiar de adoptar más de un tipo de sistema para dar.

A lo largo de los años, he identificado *ocho sistemas diferentes para dar*, formas de *estructurar*, *encuadrar* y *organizar* las donaciones financieras (el elemento del tesoro). A medida que explico cada sistema, preste atención cuál le llama la atención como divertida o emocionante y asegúrese de elegir una que se ajuste a su forma de ser dada por Dios. Por favor, observe que también puede adoptar más de uno de estos sistemas de dar al mismo tiempo. Mi familia practica los sistemas 1, 3, 4 y 6. Estamos orando para que pronto podamos participar también en el sistema ocho (Círculo de dar).

1. Porcentaje de los primeros frutos

Cuando piensa en «dar a la iglesia», es probable que se refiera a *un porcentaje de los primeros frutos*. Se define como dar un cierto porcentaje de sus ingresos mensuales (por ejemplo, el 15%). El primer acto de adoración registrado en la Biblia es cuando Caín y Abel trajeron sus ofrendas a Dios. Una de las razones claves por las que la ofrenda de Abel fue aceptada por Dios es que fueron las «primicias» de su precioso rebaño. La cosecha ofrendada por Caín no era de los primeros frutos, sino de lo que sobraba después de haber guardado lo mejor para sí.

Dar nuestros primeros frutos significa dar de nuestro ingreso antes de gastarlo. Es más grato para Dios cuando decidimos lo que le daremos antes de decidir en qué gastar. Si gastamos primero y, luego, damos si sobra algo, es probable que eso lleve a una condición del corazón en la que ya no estamos agradecidos con Dios por nuestro ingreso, sino que nos vemos a nosotros mismos como la fuente de nuestro ingreso.

2. Porcentaje creciente

Esto es *aumentar su porcentaje de primeros frutos* usando un patrón especial para ir incrementando lo que da. Podría ser aumentar el monto un 2% cada año hasta llegar a un 20%. O aumentar uno por ciento lo que da cada vez que recibe un aumento en su salario.

3. Monto fijo de los primeros frutos

Para algunos, es más práctico o divertido separar un *monto fijo de los primeros frutos* cada mes (por ejemplo, $200). Eso fue lo que yo hice cuando mi salario era menos seguro. Decidí dar cierto monto al comienzo de cada mes y, luego, pude ver cómo Dios proveía de maneras emocionantes.

4. Meta para dar

Personalmente, este es mi sistema preferido. Soy una persona muy competitiva, y este sistema en realidad alimenta mi espíritu. Una *meta para dar* funciona simplemente decidiendo cuánto se quiere ofrendar en un cierto período. Por ejemplo, yo he determinado un monto de dinero específico que deseo dar para cuando llegue a los setenta y dos años. Cada vez que doy, lo hago en función de esa meta. Y cada vez que llego a un nuevo escalón hacia esa meta, ¡hago una fiesta!

5. Ingreso familiar promedio (IFP)

Usted decide que «el cocinero no debe comer mejor que las tropas» y da todo ingreso no gastado que supera el ingreso promedio de una familia de la gran ciudad más próxima que tiene. Por ejemplo, si el ingreso promedio de una familia es de $55.000, entonces, limita su estilo de vida a los $55.000 y da cualquier ingreso que supere ese monto.

6. Porcentaje residual

Ofrendar un porcentaje de lo que resta de su ingreso después de hacer la cuenta de los gastos que necesita afrontar para su actual estilo de vida. Para proteger nuestro corazón del peligro de dar a Dios solo el sobrante, mi familia disfruta de dar un porcentaje de los primeros frutos y un *porcentaje residual*. Estos dos sistemas impactan en nuestros corazones de diferentes maneras, de modo que nos gusta practicar ambos.

7. Meta financiera

Usted decide el monto máximo que quiere gastar según su estilo de vida. Este monto, supongamos $95.000 por año, es su *meta financiera*. Si alguna vez gana más que ese monto, dará todo el sobrante.

8. Círculo para dar

Identifica un grupo de gente con quienes quiere formar un *círculo para dar*. Todos ponen sus recursos y deciden colectivamente dónde irá el dinero.

Tres flujos de dar

Además de tener sistemas para dar que estructuran los elementos que alimentan sus corrientes para hacerlo, la forma en que podemos dar varía en el tipo de flujo. El caudal de un río saludable por lo general tiene regularidad, pero a veces puede aumentar en respuesta a una repentina apertura del terreno. Una fuerte lluvia puede causar que el río desborde y anegue por completo sus alrededores. De la misma manera, puede haber *tres tipos diferentes de flujos para dar*: (1) *planeado*, (2) *sensible* y (3) *desmedido*.

1. Dar en forma planeada

Dar en forma planeada es la manera más natural de reaccionar según su identidad básica como creyente en Cristo y receptor de todo lo que él le ha dado. Usted hace un plan para mantener el flujo regular de dar como hijo de Dios que recibe su provisión constante.

2. Dar en forma sensible

Dar en forma sensible es cuando se le pide al Espíritu Santo que le muestre un plan específico para un momento específico. Este tipo de flujo es menos regular y es más el resultado de una «búsqueda». Mira alrededor para ver las necesidades pequeñas y grandes que lo rodean y responde con sus elementos de dar (tiempo, talentos y tesoro). Cada semestre desafío a mis estudiantes a practicar esto pidiéndole al Espíritu Santo que los guíe en el monto de dinero que deben separar. Luego, los animo a que oren para que Dios ponga alguien necesitado en su camino. Siempre disfruto leyendo las historias entretenidas que resultan de esa consigna. A continuación, comparto algunas:

Estudiante 1: «Cuando le di a mi amiga el dinero que había separado ($25), me abrazó y me dio mil gracias. Luego me contó que necesitaba justo $25 para algunos elementos indispensables de sus clases. Me sentí muy feliz de escuchar esto porque supe que el Espíritu Santo estaba con nosotras y que seguía trabajando en mí y modelándome para ser mejor».

Estudiante 2: «Me costaba mucho decidir a quién le daría los $20, de modo que oré que Dios pusiera a alguien necesitado en mi camino. Cuando fui a San Diego el fin de semana pasado, mantuve el dinero en el bolsillo con la esperanza de encontrar a alguien que lo necesitara. Caminando por la playa, escuché una voz hermosa. Me fijé y vi a un hombre de los que duermen en las calles que cantaba y tocaba la guitarra. Supe que era a él a quien debía darle el dinero».

Estudiante 3 (escrito durante el peor momento de la cuarentena por COVID): «Pasé por la casa de mi vecino y dejé $30 en el buzón con una carta alentadora, diciéndole que todo estaría bien; había gente que lo quería a él y a su familia y deseaban ayudarlo. Junto con el dinero le dejé un paquete grande de papel higiénico. Unas horas después, él y su esposa me llamaron emocionados para expresar su agradecimiento. Dijeron que había sido perfectamente oportuno porque estaban por quedarse sin papel higiénico y no habían podido ir al supermercado a comprar».

3. Dar en forma desmedida

Dar en forma desmedida genera historias asombrosas. Como en el relato de María cuando lava los pies de Jesús con un perfume costoso, esta forma de dar puede hacer que la gente se moleste con usted (Juan 12:1-8). Aunque la cultura se muestra en contra de esta forma de dar, ninguno de los que la practican, incluyéndome a mí, se lamenta. Es algo que se hace de vez en cuando en lugar de con regularidad. Cada vez que la recomiendo, me siento como un adicto a la adrenalina que acaba de aterrizar sano y salvo después de saltar de un avión. «Tienes que probar, amigo, ¡te cambiará la vida!».

Mi relato del vellón de $200 es un ejemplo de la forma desmedida de dar. El año pasado descubrí que, aunque había disfrutado de muchas experiencias de dar como persona individual, Tammy y yo nunca habíamos implementado deliberadamente un flujo desmedido de dar como pareja. Hablamos y oramos y, luego, decidimos saltar juntos del «avión de dar».

Además de tener *sistema para dar* que estructura los elementos que alimentan sus corrientes para hacerlo, la forma en que podemos dar varía en el tipo de *flujo*.

Pronto el Señor reveló una necesidad que requeriría usar los ahorros que habíamos pasado siete años reuniendo para el automóvil. No era algo inteligente, sino verdaderamente desmedido. Pero caramba ¡qué divertido! Participamos en el esfuerzo de una fundación para que una familia de misioneros pudiera comprar una casa. Hoy sirve como base para su ministerio y para otras familias misioneras también.

Cuando esa aventura de dar llegó a término, Tammy y yo volvimos a poner dinero para nuestros «ahorros para el automóvil» en un sobre digital (ver capítulo 5 para detalles sobre cómo usar un sobre digital), pero con una diferencia fundamental. Como Dios nos había permitido participar de su naturaleza providencial, nos dio a ambos más confianza en la proximidad de Jesús y en nuestra fe en que Dios es un buen Padre que cuida de sus hijos. Este tipo de confianza es imposible de obtener escuchando exclusivamente la sabiduría del mundo.

EJERCICIOS DE TODO CORAZÓN

¿DÓNDE ESTÁ USTED AHORA?

(MARQUE CUALQUIER AFIRMACIÓN QUE CORRESPONDA).

Cuando doy, me siento...

❏ Exigido.

» Me siento irritado cuando se me recuerda que debo dar a la iglesia.

» Me siento obligado a dar.

» Tiendo a olvidarme de dar.

❏ Entusiasmado.

» Me identifico con 1 Crónicas 29:14: «¿Pero quién soy yo, y quién es mi pueblo, para que podamos darte algo a ti?».

» Veo el dar como una respuesta natural a la generosidad de Dios hacia mí.

» Pido al Espíritu Santo que me revele las formas de compartir lo que tengo con otros.

¿Qué número indica mejor cómo se siente cuando da su tiempo, su talento o su tesoro?

MAYORMENTE AMARGADO									ENTUSIASMADO
1	2	3	4	5	6	7	8	9	10

IDENTIFIQUE SUS CORRIENTES PARA DAR

Como su identidad es «en Cristo», usted recibe y participa de su naturaleza generosa. Dios le ha dado tiempo, talento y tesoro para compartir por medio de las tres corrientes, usando diversos sistemas y flujos.

❏ **1. Iglesia local**

» Nombre de la iglesia: _____

» El monto de su tesoro: $_____

» Porcentaje de su donación total: _____

» Cómo usará su tiempo: _____

» Cómo usará su talento: _____

❏ **2. Organizaciones locales sin fines de lucro**

» Nombre(s): _____

» Monto de su tesoro: $_____

» Porcentaje de su donación total: _____

» Cómo usará su tiempo: _____

» Cómo usará su talento: _____

❏ **3. El mundo**

» Organización: _____

» Monto de su tesoro: $_____

» Porcentaje de su donación total: _____

» Cómo usará su tiempo: _____

» Cómo usará su talento: _____

IDENTIFIQUE SU(S) SISTEMA(S) PARA DAR

❑ Elija un sistema que esté conectado con su corazón, algo que refleje su respuesta a la gracia de Jesucristo en su vida. Puede elegir más de uno.

MI(S) SISTEMA(S) PARA DAR

1. PORCENTAJE DE LOS PRIMEROS FRUTOS	_____%
2. PORCENTAJE CRECIENTE	Patrón de crecimiento: _____
3. MONTO DE DINERO DE LOS PRIMEROS FRUTOS	$_____
4. META PARA DAR	$_____
5. INGRESO FAMILIAR PROMEDIO (IFP)	Monto del ingreso que supera el IFP de mi ciudad, el cual voy a ofrendar: $_____
6. PORCENTAJE RESIDUAL	_____%
7. META FINANCIERA	$_____
8. CÍRCULO PARA DAR	Tipo de necesidad que solucionar: _____ Posibles compañeros para dar: _____ Mi contribución: $_____

IDENTIFIQUE SUS FLUJOS PARA DAR

❑ Enumere los pasos que dará hacia los flujos de tipo planeado, sensible y desmedido.

1. Dar en forma planeada: _____

2. Dar en forma sensible: _____

3. Dar en forma desmedida: _____

SEGUNDA PARTE

GASTE DE TODO CORAZÓN

Haga un presupuesto que en realidad funcione

Ahora bien, se requiere de los administradores,
que cada uno sea hallado fiel.

1 CORINTIOS 4:2, RVR60

CAPÍTULO 4

HAGA UN SEGUIMIENTO DE SU PAN DE CADA DÍA

Lo que comemos y compartimos es nuestro *pan de cada día.
De este modo, estamos unidos entre nosotros no solamente
por el Espíritu, sino con todo el ser, cuerpo y alma.*

DIETRICH BONHOEFFER, *VIDA EN COMUNIDAD*

Durante la Segunda Guerra Mundial, Darlene Rose, una misionera en Indonesia, fue recluida en un campo de concentración japonés. Su porción diaria de arroz no suplía su necesidad física y se iba debilitando lentamente.

Observó que una compañera de prisión había logrado conseguir un racimo de bananas cuando los guardias no la veían y lo había escondido en su vestido. Darlene anhelaba conseguir una también. «Señor, no te estoy pidiendo todo un racimo como el de esa mujer. Solo quiero una banana... *Una sola*».

Al día siguiente habló con mucha amabilidad al comandante del campo, al que no había visto por un tiempo:

—Señor Yamaji, qué alegría verlo, ¡es como ver a un viejo amigo!

El comandante se sintió conmovido. Más tarde ese día, un guardia abrió la puerta de la barraca de Darlene y le dejó noventa y dos bananas a los pies. Le dijo:

—Son para usted. Se las envía el señor Yamaji.

En ese momento, empujó las bananas a una esquina y lloró. «Señor, perdóname; estoy muy avergonzada. No podía confiar en ti para obtener ni una banana. Y míralas, ¡son casi cien!»[26].

En contraste con Darlene Rose, rara vez aprecio mis porciones diarias de comida como debería hacerlo. Siento que tengo derecho a mi café, a mis emparedados y a mis verduras. Si no los puedo obtener de inmediato, hacerlo con tarjeta de crédito, pedir un préstamo hasta el día de pago o incluso robarlos, son vías potenciales para obtener lo que quiero. Orar y esperar la provisión no está entre las opciones. ¿Se siente identificado? ¡No debería ser así!

Un ejercicio de gratitud

Un sencillo y regular ejercicio de observar y hacer un seguimiento de nuestros ingresos y gastos puede ayudarnos a descubrir y a expresar gratitud por la provisión diaria de Jesús. Y, a su vez, esto nos permite aumentar nuestras habilidades en el rol de administradores de Dios para que podamos mejorar nuestra capacidad de ser generosos de todo corazón. Pero con lo de «observar y hacer un seguimiento de nuestros ingresos y nuestros gastos», ¿me refiero a estar encorvado sobre la mesa durante horas con lentes para filtrar la intensidad de la luz, escribiendo números en formularios contables complicados? ¡Claro que no!

EL PADRENUESTRO

Padre nuestro que estás en el cielo, que sea siempre santo tu nombre. Que tu reino venga pronto. Que se cumpla tu voluntad en la tierra como se cumple en el cielo. Danos hoy el alimento que necesitamos, y perdónanos nuestros pecados, así como hemos perdonado a los que pecan contra nosotros. No permitas que cedamos ante la tentación, sino rescátanos del maligno.

Mateo 6:9-13

Al escribir este párrafo, estoy bebiendo un buen café negro mientras cumplo con mi hábito diario *de observar y hacer un seguimiento*. Reviso brevemente mi cuenta y el informe de la tarjeta de crédito usando las aplicaciones del teléfono móvil, de modo que es un proceso rápido (por lo general, *no más de tres minutos por día*). Mientras miro, procuro intencionadamente encontrar evidencias de que Dios me ama y provee para mí y mi familia. Durante esos momentos, estoy en un asiento de la primera fila para ser testigo de cómo Dios en verdad provee nuestro pan de cada día.

Clasifiqué mi cuenta de energía eléctrica de $85 como un gasto de «servicios» y me hizo reflexionar en lo agradecido que estoy de que Dios provea electricidad para mantener en buen estado los alimentos de mi familia. También estoy agradecido por los momentos en que su provisión es la de una hamburguesa en lugar de pan, porque acabo de clasificar una comida familiar de $29 en una hamburguesería al paso como gasto de «restaurantes». También es un enorme privilegio tener un vehículo, y pagar $200 anuales por la patente evidencia la provisión de Dios para nosotros para poder ir a trabajar, a la playa, a las montañas y tantos otros lugares lindos de manera relativamente barata. ¡Gracias Jesús!

Me gusta entrelazar mi hábito de observación y seguimiento con mi tiempo diario de quietud porque se adapta bien con este sentimiento del Padrenuestro: «El pan nuestro de cada día, dánoslo hoy» (Mateo 6:11, RVR60). Al hacer un seguimiento de mis gastos, veo claramente cómo viene respondiendo esta oración, lo cual me impulsa a tener un corazón agradecido. Con mucha frecuencia nos tienta pensar: *Esa parte del pan de cada día, la tengo cubierta, Señor.* Cuando no estamos conscientes de la provisión de Dios, vemos nuestro pan de cada día como algo que nosotros nos proveemos, no Dios.

Un ejemplo de esta actitud se manifestó en la publicidad del Supertazón, donde un hombre estaba tan impaciente por comer una barra de chocolate que se la comió mientras todavía estaba en la fila para pagar. Cuando llegó a la caja, descubrió que no tenía dinero. ¡Ningún problema! Sencillamente abrió otra tarjeta de crédito por medio de su teléfono móvil y la usó para pagar la barra de chocolate que ya tenía a medio digerir[27].

Lo que he aprendido de la cultura es que si quiero pan, ni siquiera necesito pedir: voy a la tienda y lo consigo. Ni siquiera necesito dinero, ya que mi teléfono móvil me dará dinero libremente mientras espero en la fila para pagar algo que ya me he comido. En contradicción con esas voces culturales, un hábito diario de observar y hacer un seguimiento de nuestras cuentas nos ayuda a bajar la velocidad y a reconocer la provisión de Dios en todo, desde la comida, pasando por el alquiler, hasta las cuentas del seguro médico.

Que sus gastos se conviertan en luz

Hay más beneficios en este hábito de tres minutos (o quince minutos por semana o una hora por mes) de observar y hacer un seguimiento de las cuentas que solo expresar gratitud por el pan diario del Padre (lo cual sería suficiente en sí mismo para justificar el hábito). Si arrojo luz sobre lo que pasa cada día con mis gastos, mis gastos se «convierten en luz». Considere las palabras del apóstol Pablo: «Todo lo que se expone a la luz, se puede ver con claridad, pues todo lo que se saca a la luz se convierte en luz» (Efesios 5:13-14, PDT).

En contraste, todo lo que no se expone a la luz se mantiene en la oscuridad. Unos meses después de terminar la universidad y de comenzar a hacer un seguimiento regular de mis gastos, fui a comprar una nueva computadora y me dejé llevar por el entusiasmo: dije que sí a cada actualización posible y la computadora terminó costando el doble de lo que había esperado.

Cuando me senté a registrar el gasto, hubo un momento en que deseé sencillamente olvidar que eso había ocurrido. Quería que se «volviera oscuro» y que no se pudiera rastrear para no tener que enfrentar mi vergüenza. Por suerte, ese pensamiento pasó y registré el enorme gasto en mi aplicación de seguimiento del dinero. Al hacerlo, mi conducta quedó expuesta por completo a la luz, y sentí una fuerte convicción del Espíritu Santo de haber desperdiciado ese precioso dinero. Al arrepentirme, de inmediato fui consolado y recibí del Padre una increíble gracia y misericordia.

Algunos dirán que observar y hacer un seguimiento de los ingresos y los gastos no es un hábito natural ni saludable. Robert Frost, un campeón del individualismo rudo estadounidense, escribió un poema llamado «Money» (Dinero), el cual trata sobre lo desagradable que es hacer un seguimiento del dinero. Frost sugiere firmemente que nadie debería «preguntar sobre el dinero gastado»[28]. Pero cuando me siento a analizar mis ingresos y mis gastos, estoy haciendo una fuerte afirmación de desacuerdo. Quiero demostrarme claramente a mí mismo, a Jesús y a mi comunidad que tomo en serio el papel que Dios me ha dado de administrador de su dinero.

Como analizamos en el capítulo 1, a Jesús —que come, bebe y todavía tiene un cuerpo material— le gusta que gastemos dinero para cuidar *nuestro* cuerpo porque para eso fuimos creados. Ser transparente con las cuentas consiste más que nada en celebrar la provisión del Señor y pedirle honestamente al Espíritu Santo que nos dé convicción si algo de lo que estamos haciendo no está alineado con el corazón de Dios.

En una de mis clases de planeación financiera, demuestro mi creencia en la administración y la transparencia completando frente a mis estudiantes mi hábito de observar y hacer un seguimiento de mis gastos. Les digo que toda decisión de hacer un gasto está conectada con toda la gente, de modo que deberíamos manejarnos de tal manera que podamos mostrar a cualquiera lo que estamos haciendo, con una conciencia tranquila. Mis estudiantes pueden ver exactamente cómo está gastando el dinero mi familia, porque les doy una explicación de cada gasto. Cuanto más expongo a otros mis finanzas, el Señor puede mirar mejor mi corazón.

Por ejemplo, yo separé $25 por mes para ir a Taco Bell una vez por semana. Es posible que eso sea algo que no todo el mundo puede hacer con una conciencia clara, pero cada vez que puse ante el Señor ese gasto, no he sentido la incómoda advertencia del Espíritu Santo. ¡Quizás algún día el Espíritu Santo le advierta a mi médico que me convenza de dejar de ir a Taco Bell!

Tener cuentas claras de lo que hemos hecho con el dinero de Dios, se aplica bien al llamado de Jesús de manejar nuestra riqueza de manera honesta y fiel. Jesús dice en Lucas 16:11: «Si no son confiables con las riquezas mundanas, ¿quién les confiará las verdaderas riquezas del cielo?». Parte de ser confiable en el manejo de la riqueza mundana es, sencillamente, poner una luz brillante sobre lo que hacemos, mediante el seguimiento de nuestras finanzas. Entonces nuestros gastos se convierten en luz. Y, a diferencia de la queja de Robert Frost de que es demasiado difícil recordar cómo gastamos el dinero, tenemos acceso a aplicaciones para el seguimiento del dinero y programas que hacen increíblemente fácil «recordar cómo gastamos», ya que estos servicios importan automáticamente nuestras transacciones financieras (ver el final del capítulo para más detalles).

Gaste menos de lo que gana

Además de adorar al Señor por proveer el pan diario y demostrar una buena administración del dinero de Dios, el tercer beneficio que se suma a todo cristiano que hace un seguimiento regular de sus gastos es que los ayuda a gastar menos de lo que ganan. Según un estudio nacional de capacidad financiera, *solo* el 43% de los estadounidenses gasta menos de lo que gana cada mes[29]. Es mucho más fácil gastar *menos* de lo que se gana cuando se mantienen las cuentas al día.

Hacer un seguimiento de los ingresos y gastos diarios *no* es hacer un presupuesto. *Hacer un presupuesto* es intentar restringir los gastos a un cierto monto predeterminado. Incluso si una persona pone todo su esfuerzo y su tiempo en observar y hacer un seguimiento, todavía puede fallar en su presupuesto. Hay muchas cosas fuera de control que pueden desbaratar sus planes de gastos (es decir, su presupuesto), como un accidente con el vehículo o una baja en el salario. Con el hábito de observar y hacer un seguimiento, el éxito reside en que lo hagamos o no, no en que gastemos menos de lo que ganamos, cosa que puede ser casi imposible durante una emergencia.

Al observar y hacer un seguimiento de mis gastos todos los días, recibo información importante que me ayuda a saber si voy a superar mis ingresos. Este hábito actúa como un centinela en la puerta, el cual está atento a alguna señal de amenaza a la distancia. Por ejemplo, en una ocasión observé un cobro de $69 por una subscripción a un servicio musical que mi hija de cinco años, Sage, había pedido cuando aprendió a hablarle a Alexa. También observé un cobro incorrecto de $80 de mi tarjeta de crédito y más gastos de lo normal en comida. En quince minutos, pude anular esos cobros y decidir reducir el gasto en comida. Ahorré más de $100 en una sola sesión de seguimiento. Dicho de otra manera, mi centinela vio a la distancia la «turba monetaria» enojada que se me venía encima y levantó el puente levadizo antes de que pudieran incendiar mi plan de gastos.

Explorar sistemas de seguimiento

Para cualquier administrador del dinero de otra persona, el requerimiento básico es llevar las cuentas para que el dueño pueda ver cómo se están manejando sus recursos. Llevar la cuenta de los cientos de transacciones financieras anuales se hace primero observando lo que se ha hecho, luego se hace un seguimiento (o se escribe) de esos gastos y, finalmente, se separan en categorías de gastos. La meta básica de cualquier sistema de seguimiento es hacer un sencillo gráfico que muestre una figura clara del porcentaje de los ingresos que va a categorías específicas de gastos (ver el gráfico a continuación como ejemplo).

GASTOS DEL MES

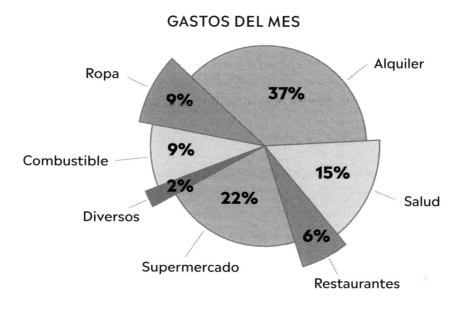

En muchos sentidos, este es un ejercicio espiritual porque Dios nos ha dado la tarea de administrar su dinero. Nuestro papel de administradores no requiere un título de contador ni una capacidad especial, solo un poco de tiempo para observar y hacer el seguimiento, lo cual es simple y muy objetivo. También es importante tener algún registro objetivo de nuestro camino con Jesús. Podemos adorar al Señor con nuestros labios, pero un informe preciso de nuestros gastos refleja aquello que adoramos en verdad. Como dice Mateo 6:21: «Donde esté tu tesoro, allí estarán también los deseos de tu corazón».

Una vez que ha seguido y categorizado sus gastos, puede mostrarle a su dueño (Jesús) dónde se ha ido su dinero durante cierto período de tiempo. Hay algunas sencillas herramientas a continuación para hacer el seguimiento que le permitirán llevar una cuenta clara y arrojar una luz brillante sobre su vida financiera para que esta sea luz. Mientras lee estas opciones, también puede visitar

> ¿Qué puede hacer un hombre que sea absolutamente confiable? ¡Aritmética! [...] Uno más uno es dos en el cielo y en la tierra... y en el infierno. Hacer cuentas es reconocer los hechos, no las fantasías.
>
> Watchman Nee, *La vida cristiana normal*

WholeHeartFinances.com/spanish/#home (Apéndice, capítulo 4) para conocer algunas sugerencias y suplementos útiles.

Aplicaciones del teléfono móvil

Para la mayoría de nosotros, hacer un seguimiento de las cuentas es demasiado difícil de lograr a mano. En cambio, las *aplicaciones para el seguimiento del dinero* nos permiten hacer un seguimiento de manera rápida y eficiente importando automáticamente transacciones de cada una de sus instituciones financieras (cuentas de banco, tarjetas de crédito). Este proceso automático es muy conveniente y ahorra tiempo. Si todavía prefiere cargar toda esa información en forma manual, las aplicaciones suelen permitir esa opción también.

Una vez que han sido cargadas sus transacciones financieras, puede ponerlas en categorías de gasto que tengan sentido para usted (por ejemplo, nuestra familia tiene tres categorías para gastos en alimentos: supermercados, restaurantes y comida rápida). Luego se puede crear un gráfico de gastos (no requiere conocimientos técnicos) y compartirlo con Jesús, un compañero de responsabilidad financiera o su familia.

Una de las mejores características de una aplicación de teléfono móvil es que sus seres queridos también pueden entrar, permitiéndoles iniciar sesión en la misma página mientras hace el seguimiento de su dinero. A lo largo del mes, tanto mi esposa como yo pasamos unos pocos minutos por día usando esa aplicación para seguir nuestros gastos. Las aplicaciones para el teléfono móvil también le permiten usar su navegador si no quiere hacer el proceso en el teléfono. Yo observo y sigo mis gastos principalmente en el navegador, pero mi esposa prefiere hacerlo en su teléfono móvil. Formamos parte del mismo equipo y compartimos toda la información.

Hay muchísimas aplicaciones para hacer el seguimiento de las cuentas, incluyendo algunas con contenido útil para las finanzas personales de los cristianos. Algunas aplicaciones son gratuitas, otras requieren una mínima suscripción mensual. Si la aplicación es gratuita, es probable que no le permita importar automáticamente las transacciones o que tenga un límite para la cantidad de categorías de gasto que cree. Le recomiendo enfáticamente que pague el servicio completo de alguna aplicación para hacer el seguimiento de su dinero. La cuota mensual, por lo general, es la mitad que la cuota de una para escuchar música. Todo lo que mi familia ha gastado en suscripciones ha sido devuelto diez veces más haciéndonos más organizados en nuestros gastos, lo cual nos hace ahorrar mucho dinero al año. Otra razón para pagar por un servicio es que es más probable que lo use.

Hojas de cálculo y programa

También puede hacer un seguimiento de sus ingresos y gastos usando una *hoja de cálculo* o un *programa para seguimiento de dinero*. A mí me gusta usar una hoja de cálculo además de mi aplicación para el seguimiento del dinero. Una vez al mes, exporto los datos de la aplicación a una hoja de cálculo de Excel, donde puedo calcular una cantidad de índices financieros personales para evaluar mi salud financiera. En el apéndice en línea (capítulo 4) hay un video paso a paso sobre cómo hacer esto.

En papel

Usar un sistema *en papel* para hacer un seguimiento de sus ingresos y gastos es sumamente efectivo para algunas personas, pero no para otras.

Cuando uno está en Cristo, gran parte de sobresalir en el dar es manejar los gastos diarios de tal manera que el costo de su estilo de vida quepa dentro de sus ingresos. El no manejar los gastos diarios lleva a gastar de más y a tener menor capacidad para dar. Cuando comience a manejar sus gastos diarios, frénese de restringir directamente sus compras (por ejemplo, ajustando el presupuesto). En lugar de eso, comience con una actitud de agradecimiento, simplemente observando y haciendo un seguimiento de sus gastos. Al usar una aplicación o un método alternativo, preste atención a la forma en que Dios está proveyendo su pan de cada día. Al acercar una luz brillante a sus gastos, podrá notar cualquier patrón problemático y tendrá la oportunidad de ponerlo en oración, actuando como un administrador fiel del dinero de Dios.

EJERCICIOS DE TODO CORAZÓN

¿DÓNDE ESTÁ USTED AHORA?

(MARQUE CUALQUIER AFIRMACIÓN QUE CORRESPONDA).

Cuando se trata de gastar dinero, soy...

❏ Reactivo.

> » Gasto en forma desorganizada.

> » Siempre estoy preocupado por mi manera de gastar.

> » Tiendo a gastar en exceso.

❏ Proactivo.

> » Gasto en forma planeada.

> » Tiendo a disfrutar cuando gasto.

> » Tiendo a gastar menos de lo que tengo para gastar.

¿Qué número refleja mejor su manera de gastar?

MAYORMENTE REACTIVO								MAYORMENTE PROACTIVO	
1	2	3	4	5	6	7	8	9	10

HAGA UN SEGUIMIENTO DE SU DINERO

Hacer un seguimiento del dinero es una disciplina que ayuda a cultivar un corazón agradecido, una administración fiel y una mayor resiliencia financiera a favor de una generosidad sostenida y creciente. El éxito solo depende de que usted dedique un poquito de tiempo, no de su capacidad de restringir los gastos. Y cuando eso ocurre, cuanta más luz ponga sobre sus gastos, más los restringirá naturalmente.

❑ Elija su sistema de seguimiento. Ver WholeHeartFinances.com/spanish/#home (Apéndice, capítulo 4) para una lista actualizada de opciones.

>> Aplicación: _____

>> Hoja de cálculo: _____

>> Programa de seguimiento del dinero: _____

>> Papel _____

>> Otro sistema: _____

❑ Instale su sistema de seguimiento de manera que esté preparado para recurrir a él el próximo mes.

❑ Haré un seguimiento regular de mis ingresos y gastos... [Marque cualquier afirmación que corresponda].

Cada día   **Cada semana**   **Cada mes**

❑ Cuando empiece a hacer el seguimiento, haga la siguiente oración litúrgica tomada de *Every Moment Holy* [Todo momento es santo][30].

> LÍDER: Oh Dios que provees
> todo lo necesario para nuestras vidas,
> TODOS: ***Quédate con nosotros ahora...***
>
> Porque en esta vida hay pocas cosas
> que revelan con tanta claridad nuestras inseguridades
> y nuestra lucha por confiar en tu tierno cuidado,
> como el estado de nuestros corazones
> cuando pensamos en el estado de nuestras finanzas.

Cuando estamos ansiosos por el dinero, oh Señor,
podemos deslizarnos cuesta abajo por el espiral de creer
que simplemente tener más dinero puede garantizar nuestra
seguridad.

Como si nuestra seguridad pudiera estar fuera de ti, oh Dios.
Guarda nuestro corazón de esa mentira.
Ayúdanos a ver el dinero y todas las cosas materiales como el
escenario donde aprender y practicar una administración más fiel,
y como un medio para invertir en cosas eternas,
pero nunca como un fin en sí mismo...

Cada mes nos enseñas,
—cuando pagamos cada cuenta— la lenta vocación de la confianza.
No nos abandones a nuestras ansiedades sobre el dinero, oh Señor,
sino usa esas preocupaciones para volver nuestros corazones
y nuestros pensamientos hacia ti, y enséñanos a tener más alegría
y más confianza en tu permanente cuidado.

Amén.

CAPÍTULO 5

PLANEE SU TASA DE PROYECCIÓN CON JESÚS

Esta es una ecuación que vale la pena recordar: Cinco dólares ganados menos siete dólares gastados = Una vida infeliz.

JON MORRISON, *LIFE HACKS* (TRUCOS DE LA VIDA)

Imagine que un padre decide darle a su hijo de veintiún años la responsabilidad de manejar parte de la empresa familiar. El padre se sienta con su hijo y le explica que le dará $10.000 al mes.

Pasan seis meses, el padre llama al hijo a su oficina y le pregunta qué ha hecho con el dinero de la familia. El hijo se sorprende por la pregunta y se retrae un poco. Sin levantar los ojos, confiesa en tono bajo: «No lo sé». El padre se sobresalta y exclama: «¿Cómo puede ser eso?» El hijo se encoge de hombros y dice: «Lo lamento, papá. No estuve haciendo un seguimiento».

¿Cómo cree que reaccionará el padre? ¿Separará de inmediato a su hijo de cualquier manejo futuro de la empresa familiar? Sería una respuesta justificada, pero eso no es lo que haría nuestro Padre celestial. ¡Le diría a Jesús que prepare un poco de pescado asado para ese joven!

En Mateo 16:18-19, Jesús le revela a Pedro que será responsable de dirigir la iglesia. Pero antes de que Jesús fuera crucificado, Pedro niega conocerlo, no una, ¡sino tres veces! A pesar de esa traición, el recién resucitado Jesús prepara para Pedro un sustancioso asado de pescado para asegurarle que la asignación de su tarea no ha cambiado (Juan 21:7-19).

Como Pedro, todos hemos recibido responsabilidad sobre algo que le pertenece a Jesús y al Padre, incluyendo nuestro dinero, nuestras posesiones, nuestro tiempo y nuestros talentos. Por supuesto que Jesús y el Padre quieren que seamos habilidosos en el manejo de sus cosas, pero tener esa responsabilidad no significa que nuestra relación con Jesús dependa de nuestro desempeño.

Siempre deberíamos recordar que nuestro dinero y nuestras posesiones son más bien como una asignación familiar y el nombre más importante de nuestra tarea no es «director regional» o «ingeniero jefe», sino *hijo de Dios*. Un padre no da una asignación para poder hacer más tarde una «evaluación de trescientos sesenta grados», como sí hacen en las empresas con los empleados, para determinar el nivel de amor que tiene por su hijo.

Tenemos un Padre sonriente que procura que crezcamos dándonos la responsabilidad de manejar sus cosas. Y, cuando fallamos en grande, como Pedro, la calidez de la sonrisa de Jesús nos acerca de inmediato al fuego donde está asando un delicioso pescado para nosotros.

Aprenda del mundo de las empresas

Mucha gente que he conocido tiene una respuesta instantánea, visceral a la palabra *presupuesto*; su mirada de desesperación me dice que ya han intentado —y fallado en— restringir sus gastos, entonces ¿qué sentido tiene? Para no atemorizar a la gente, tiendo a preferir la expresión *plan de gastos* en lugar de *presupuesto*. La principal razón por la que fallan los planes de gastos es porque la gente no mira ni hace primero un seguimiento de sus gastos con una actitud de agradecimiento y mayordomía (ver capítulo 4). Hacer primero esto, por un período largo antes de intentar restringir los gastos, le dará toda la información correcta y la motivación para un plan de gastos bien informado.

A cada uno de nosotros se nos ha dado acceso a los bienes de nuestro Padre por medio de nuestros salarios y la adquisición de cosas materiales. Si hace un seguimiento de sus desembolsos y pone ante el Señor el informe de sus gastos, en verdad está actuando como un administrador confiable del dinero de Dios y expresando todo su corazón como un creyente unido a Cristo.

Pero se puede hacer todavía más. Durante los últimos cuatro mil y más años, los administradores de empresas se han vuelto sumamente habilidosos en el manejo de la riqueza del mundo. ¿Por qué no aprender de las herramientas que han desarrollado? Una de esas herramientas que enseñaré en este capítulo es la llamada *Tasa de proyección de gastos*. Esto es lo que le costará a una empresa operar en el futuro e incluye tanto los gastos *regulares*, por ejemplo los salarios y el costo de materiales, como los gastos *irregulares*, tales como el reemplazo de maquinaria.

Incorporar los desembolsos irregulares en un plan empresarial es crítico. Cuando las empresas lo hacen, se vuelven más sustentables. Por ejemplo, en el momento que una empresa compra un equipo (un gasto irregular) comienza a ahorrar para reemplazarlo, agregando este gasto irregular a su tasa de proyección. Ahorrar para las cosas que inevitablemente necesitarán ser reemplazadas es una técnica financiera inteligente y de sentido común empresarial, pero quienes

> **La principal razón por la que fallan los planes de gastos es porque la gente no mira ni hace primero un seguimiento de sus gastos con una actitud de agradecimiento y mayordomía.**

administran una casa, por lo general, no sacan provecho de esta herramienta.

Cualquier empresa que conozca su tasa de proyección puede funcionar con más éxito porque puede determinar si la proyección futura de ventas superará a su proyección de desembolsos. Si se esperan ventas menores, un administrador sabio procurará reunir más capital o recortar gastos para evitar caer en deudas.

Cuando se olvidan los desembolsos más importantes

El autor preferido de nuestros hijos es Mo Willems. A mí en particular me gusta su libro *¡Vamos a dar una vuelta!*. En esta historia, Geraldo declara: «¡Vamos a dar una vuelta!» y comienza a nombrar todo lo que necesita para ir de paseo con Cerdita. ¿Un mapa? Cerdita lo consigue. ¿Anteojos de sol? Cerdita encuentra un par. Después de buscar algunas cosas más, Geraldo tiene un momento de claridad al recordar: «¡NECESITAMOS UN AUTOMÓVIL!». Lamentablemente, Geraldo y Cerdita no tienen un automóvil, así que no pueden ir de paseo[31].

Somos como Geraldo y Cerdita cuando no consideramos cada desembolso importante en nuestra vida diaria. Geraldo y Cerdita hicieron planes alegremente para dar un paseo sin tomar en cuenta que necesitaban un vehículo. Con mucha frecuencia nosotros, lamentablemente, también hacemos planes de gastos que no tienen en cuenta lo que en realidad necesitamos para nuestras vidas.

Cuando hacemos planes para las compras, somos muy buenos en poner en la lista los gastos regulares como provisiones, alquiler y servicios, y en revisar para ver si suman menos que nuestro ingreso mensual. Si es así, ¡declaramos que ya está listo! Pero no comprendemos que hemos dejado afuera gastos cruciales como la compra de muebles, computadoras y, sí, un automóvil (o el reemplazo del que venimos usando).

Otro ejemplo básico es el reemplazo del calzado. Cuando calcula el ingreso en relación con los gastos, es probable que sus zapatos estén perfectamente bien, pero, con el paso del tiempo, es probable que se mire los pies y de repente caiga en la cuenta de que sus zapatos están gastados y necesita reponerlos. Pero si gastar entre $40 y $100 por un par nuevo no está en sus planes de gastos, usted tendrá que rebuscar hasta encontrar ese dinero.

Cada junio, mi esposa y yo reemplazamos nuestro calzado para correr. Ese podría ser un proceso irritante en el que tendríamos que echar mano a nuestros ahorros, pero para nosotros es divertido porque ya hemos separado $10 por mes de cada salario en un sobre digital especial llamado «Calzado para correr». Cada año, cuando se acerca junio, tenemos el monto exacto que necesitamos sin sentirnos culpables ni asustados por las consecuencias financieras. La mayoría de las aplicaciones que hacen un seguimiento del dinero tienen este tipo de «sobre digital» para separar montos específicos para propósitos específicos cada mes. Hacen que sea muy fácil ahorrar para desembolsos irregulares cada vez que se recibe el salario.

Efecto humedal

Cuando usted no va separando dinero poco a poco en sobres (digitales o físicos) para cosas básicas como calzado o muebles, su vida financiera carece de resiliencia. Y una vida financiera sin resiliencia es como un lago que no tiene un humedal que amortigüe los efectos de inundaciones o sequías.

Yo nadaba competitivamente en la escuela secundaria y hoy todavía nado con regularidad. Siempre es un gran placer nadar en aguas abiertas. Uno de mis lugares favoritos es el lago Hume, al sur de las montañas de Sierra Nevada. Tiene un dique del que sale justo la cantidad de agua suficiente para que el lago se mantenga en un buen nivel.

Pero el lago Hume no tiene un humedal consistente. Una semana de verano en particular, la ciudad por accidente dejó el dique abierto por completo, y más de una tercera parte del agua del lago se escapó durante la noche. No comprendí el efecto hasta que fui a nadar la mañana siguiente. El nivel del agua estaba tan bajo en ciertas partes que me quedé literalmente encajado en los yuyos del lago. ¡Estaba tan enredado que me tuvieron que rescatar con un bote!

Cuando un lago carece de humedal y ocurre una baja inesperada de agua, todo lo que depende de él sufre. De igual manera, cuando no tenemos en cuenta todos los desembolsos de nuestro estilo de vida en un plan de gastos, cualquier golpe inesperado que vacíe nuestros ingresos y nuestros ahorros hará estragos, dejándonos estancados en viscosos «yuyos de deuda». Cuando determinamos nuestra tasa de proyección, incluyendo nuestros desembolsos irregulares en el plan de gastos, nuestras vidas obtienen un *humedal financiero* que actúa como amortiguador contra el riesgo de quedar endeudados durante una sequía de salarios bajos o grandes gastos de emergencia.

Un reconocimiento completo

¿Cuánto cuesta su estilo de vida? ¿Cuál es su tasa de proyección? Un experimento útil que ayuda a responder esa pregunta es acostarse en la cama de noche y pensar es todas las cosas que usó, tocó y consumió durante el día. Es probable que todo eso sea necesario para mantener su estilo de vida, de modo que el costo de reemplazarlo debería ser incorporado en su costo de vida real.

Por ejemplo, si lo primero que recuerdo es que me desperté en una cama, la palabra «cama» se convierte en el primer elemento que debo incluir en mi tasa de proyección. También tengo que pensar en sábanas, almohadas y todo lo que uso. Todo eso se gasta y hace falta dinero para reponerlo.

Espero que esté comenzando a ver el cuadro: debe tener en cuenta el costo de uso y reposición de todas las cosas que use con regularidad, ya sea calzado, cama, tazas para café o el microondas. Luego, puede determinar si está gastando más de lo que gana en cierto período de tiempo. Si no incluye esos desembolsos irregulares de su estilo de vida, su vida financiera carecerá de resiliencia por compras grandes inesperadas que, en el fondo, eran predecibles.

Reconocer el costo de su estilo de vida es una parte fundamental del desarrollo de su plan general de gastos. Repasemos los pasos que puede dar para crear un plan de gastos que sea entretenido y efectivo:

1. Determine sus ingresos previstos.

2. Converse con el Señor para determinar la forma de dar a la que él lo está invitando.

3. Determine su tasa de proyección.

4. Ajuste su tasa de proyección de desembolsos para que se adapte a su meta de ahorro.

Comenzar con su expectativa de ingresos y continuar con lo que espera poder dar es algo que usted y su familia determinan antes de mirar sus gastos. Como mencionamos en los capítulos 1–3, dar no es algo que usted *hace*, sino que es inherente a quien *es* ahora que está en Cristo, la persona más generosa del universo. Es importante que su forma de dar sea su primera consideración en un plan de gastos, y eso es algo que está entre usted y el Señor. Después de todo, en primer lugar, la generosidad de Dios es la razón por la que tiene un ingreso.

Una vez que ha decidido el monto que dará en una actitud de gracia y libertad, entonces es momento de pensar en el costo de su estilo de vida usando su tasa de proyección de gastos. Finalmente, ajusta su tasa de proyección hasta adaptarla a su meta de ahorro (una tasa de proyección más elevada implica menos ahorro y una tasa de proyección menor significa mayor ahorro). Luego, su plan de gasto queda puesto en el contexto de un plan financiero general, donde se determinan las máximas prioridades. Ver el capítulo 15 para más detalles.

En relación con la tasa de proyección (paso 3), la Oficina de Estadísticas Laborales de los Estados Unidos de América mostró recientemente un promedio anual de gastos por familia de aproximadamente $42.000 (sin incluir ahorros y donaciones)[32]. Esto equivale aproximadamente a $3500 por mes para que una familia promedio pueda mantener su estilo de vida, aunque el gasto real variará cada mes porque incluye gastos irregulares (por ejemplo, reemplazo del automóvil, pagar al plomero, ir de vacaciones).

Una tasa de proyección convierte nuestros gastos del costo de vida en un monto de suscripción mensual. A nuestras mentes, por supuesto, les gusta pensar en los gastos como un costo mensual, ya que muchos de nuestros gastos, como los de vivienda y servicios, se pagan cada mes. Los expertos en mercadeo han descubierto eso y, en consecuencia, ahora muchos de los elementos que consumimos, desde los teléfonos móviles hasta los programas, son montos de suscripciones mensuales en lugar de compras de una sola vez.

Entonces, ¿cómo se calcula el costo de su tasa de proyección mensual (es decir, su monto de suscripción mensual)? Se calcula sumando los gastos mensuales regulares que claramente se cobran de su cuenta, como el alquiler, las provisiones y el seguro. Luego, convierte sus gastos irregulares en suscripciones mensuales.

Por ejemplo, si paga una tarifa anual de patente de vehículo de $100, divide este monto en 12 y obtiene una tasa de proyección mensual de $8. Si quiere reemplazar su cama cada diez años y decide en oración que lo que está dispuesto a gastar son $800, entonces este costo de diez años se convertiría en una tasa de proyección mensual de $6,67 (si el costo de la cama sube por la inflación, entonces tendrá que usar un monto ajustado a la inflación, como $1200).

Intentar contabilizar todos estos elementos puede parecer abrumador, pero procure generalizar lo más posible. Estudie la hoja de cálculo de tasa de proyección en WholeHeartFinances.com/spanish/#home (Apéndice, capítulo 5) para ver sugerencias útiles. Una vez calculada la tasa de proyección con la hoja de cálculo, puede llevar su plan de gastos al siguiente nivel por medio de: (1) los sobres digitales, (2) los cálculos sostenibles y (3) la guía del Espíritu Santo. Esta combinación lo ayudará a crear más resiliencia financiera para usted y su familia.

Crear sobres digitales

Ahora que ha convertido sus gastos regulares e irregulares en montos mensuales, está preparado para crear *sobres digitales* para cada categoría de gastos. Con cada salario, puede separar dinero para esos diferentes desembolsos. Estos sobres digitales se crean y se manejan con facilidad en la mayoría de las aplicaciones de telefonía móvil para seguimiento de dinero.

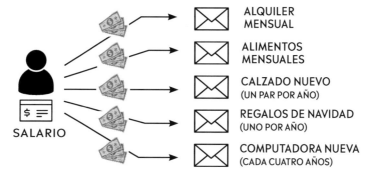

SALARIO

ALQUILER MENSUAL

ALIMENTOS MENSUALES

CALZADO NUEVO (UN PAR POR AÑO)

REGALOS DE NAVIDAD (UNO POR AÑO)

COMPUTADORA NUEVA (CADA CUATRO AÑOS)

Por ejemplo, si necesita ahorrar $12 por mes para reemplazar su calzado deportivo, el siguiente paso que debe dar es usar su aplicación para seguimiento de dinero, la hoja de cálculo o un programa para poner $12 de su ingreso total mensual en un sobre digital llamado «Calzado deportivo». De esa manera, tendrá $144 al final de cada año, listos para ser gastados en su nuevo calzado. Lo mismo vale para cualquier otro tipo de gasto que tenga. Por ejemplo:

Muebles

- Reemplazo de sofá, cama, sillas y mesa cada diez años, con un costo total de $4000.
- Tasa de proyección mensual de $4000/120 = $33 a colocar en un sobre llamado «Muebles» cada mes.

Vacaciones

- Dos viajes de fin de semana ($1000 en total) y un viaje de verano ($1500) por año.
- Tasa de proyección mensual de $2500/12 = $208 a colocar en un sobre digital llamado «Vacaciones» cada mes.

Lector electrónico de libros

- Reemplazo cada cinco años, costo $120.
- Tasa de proyección mensual de $120/60 = $2 a colocar en un sobre digital llamado «Lector electrónico de libros» cada mes.

Personalmente tengo un gasto por mi estilo de vida al que llamo «CCC» (sigla del inglés: *Creeping Car Crud* [Cualquier enfermedad que pueda contraer mi coche]). Cuando uno tiene un vehículo, ocurren cosas malas. Aunque es imposible adivinar qué puede ocurrir, yo he podido predecir con bastante precisión que ocurrirá al menos una cosa mala cada cuatro años y que es probable que la solución cueste $3000, lo cual significa que separo $62 en mi sobre virtual cada mes ($3000/48 meses).

Hace pocos años, cuando estaba de visita una buena amiga de Tammy, ella me pidió que fuera al supermercado a comprar algunas provisiones. «¡Claro!», le dije. Luego, me dirigí a la cochera y avancé marcha atrás directamente contra el coche de su amiga. Aunque eso fue un momento problemático para mí y para la amiga de Tammy, no fue un momento financieramente problemático. Yo tenía algunos miles de dólares separados precisamente para ese tipo de «cosas malas». Jamás hubiera podido predecir que ocurriría ese evento en particular, pero puedo predecir que algo costoso ocurrirá cada dos años con mi automóvil.

Al separar dinero en sobres digitales, será tentador gastarlo en otras cosas. Un truco útil es nombrar los sobres en forma personal y específica. Cuanto más específico y personal el nombre, es menos probable que usted «invada» ese sobre para pagar otros gastos, porque cada sobre se convertirá en parte de usted. La razón por la que esto es cierto está relacionada con la teoría de la dotación, la cual supone que la gente tiende a valorar más las cosas que ha nombrado e identificado como parte de su persona (es decir, su dotación, aquello de lo que está dotado)[33].

Por ejemplo, si nombra a su sobre digital «Ahorros», es probable que no tenga nada que lo ligue a este y lo vea como algo a lo que puede acceder en cualquier momento que desee. Si nombra a ese mismo sobre «Vacaciones en los parques nacionales» o «Vacaciones en México», es mucho menos probable que lo utilice para otros gastos porque está visualizando ir de campamento o disfrutar de la playa.

Calcule su sustentabilidad

Después de crear sobres digitales para sus gastos regulares e irregulares, el siguiente paso es ver si el costo mensual de su estilo de vida excede a su ingreso mensual. Puede *calcular su sustentabilidad* usando la siguiente ecuación:

$$\text{SALARIO MENSUAL REQUERIDO} = \frac{\text{Tasa de proyección mensual}}{(1 - [\text{Tasa de impuestos} + \text{Tasa de donación}])}$$

Su *tasa de impuestos* es el porcentaje de su ingreso mensual que paga en impuestos. Su *tasa de donación* es el porcentaje de su ingreso mensual que dona a causas de caridad. Si tiene dificultades para saber su tasa de impuestos, mire su último recibo de pago y divida *el monto de impuestos que se extrae de su ingreso por el ingreso antes de que se hayan pagado los impuestos* (es decir, ingresos brutos).

Asegúrese de colocar juntos la tasa de impuestos y la tasa de donaciones antes de sustraerlos de 1. Por ejemplo, si calcula que (1) su tasa de proyección mensual es $3500, (2) su tasa de impuestos es el 25% y (3) dona el 12% de su salario, su cálculo será algo como lo que sigue:

$$\frac{3500}{(1-(.25+.12))} =$$

$$\frac{3500}{(1-.37)} =$$

$$\frac{3500}{.63} = \quad \$5555 \text{ por mes}$$

Si está ganando menos de $5555 por mes, está en problemas. Quizás no lo parezca porque la mayoría de los meses es probable que tenga dinero de sobra, pero hay gastos irregulares importantes a la vuelta de la esquina que vaciarán su cuenta.

Busque la guía del Espíritu Santo

Otro beneficio de calcular su tasa de proyección mensual es que ayuda a facilitar buenas conversaciones con sus seres queridos, incluyendo a Jesús, los amigos y la familia. Cuando comenta con ellos su tasa de proyección, tiene una nueva oportunidad para ser completamente transparente sobre la forma en que está viviendo como administrador de Dios.

Por ejemplo, después de que aparecieron los relojes Apple Watch, esperé un año antes de comprarme uno. Primero oré para saber si debía cambiar mi estilo de vida ya que costaría $400. Yo estimaba que tendría que ser reemplazado cada tres años. Esto significaba que mi tasa de proyección mensual subiría alrededor de $11 por mes ($400/36).

Mi primera consideración era si tendría esos $11 extra cada mes para reponer en mi plan de gastos. La otra consideración más importante era pedirle al Señor sabiduría y guía sobre cómo gastar y usar sus recursos de la mejor manera para su gloria. Aunque no sé con seguridad si es la voluntad de Dios que yo tenga un Apple Watch, me gusta tomar en serio mi papel de administrador de su dinero e involucrarlo en cada decisión financiera que tomo. Al hacerlo, me acerco cada vez más a mi Señor, Jesucristo.

Si no conoce su tasa de proyección, nunca podrá saber claramente, ni estar a la altura, de su estilo de vida real. Tammy y yo oramos todos los años por nuestra tasa de proyección y buscamos la guía del Espíritu Santo sobre cómo debemos vivir. La honestidad y la transparencia respecto a nuestra vida financiera nos hará florecer, en cambio mantenerla en la oscuridad frenará nuestro crecimiento. Lo aliento a hacer la siguiente oración con toda honestidad, utilizando su monto de tasa de proyección para facilitar la conversación entre usted y el Dueño de todas las cosas:

Examíname, oh Dios, y conoce mi corazón; pruébame y conoce los pensamientos que me inquietan. Señálame cualquier cosa en mí que te ofenda y guíame por el camino de la vida eterna.

SALMO 139:23-24

Disfrute de plena resiliencia

Plena resiliencia en nuestra vida financiera equivale a combinar un hábito de observar y hacer un seguimiento de nuestros gastos con una tasa de proyección que no supere nuestro salario mensual. Al separar nuestros gastos de estilo de vida en sobres digitales cada mes, estamos «arando la tierra» de nuestra generosidad. Evitar deudas y vivir en forma sostenible dentro de nuestras posibilidades nos prepara para una generosidad sostenida. Es por el gozo de dar que hacemos planes de gastos de esta forma.

Por ejemplo, si usted tiene el ingreso promedio de las familias de los Estados Unidos, su proyección será $3500 mensuales. Un porcentaje relativamente grande de este dinero debe ser separado en sobres digitales. Al hacerlo, está en mejores condiciones de reemplazar su automóvil cada diez años y su computadora cada cinco años, manejar reparaciones inesperadas del vehículo sin generar problemas financieros, reemplazar sus electrodomésticos cuando se gastan, ir de vacaciones y mucho más.

Todos esos sobres de ahorros también actúan como un fondo de emergencia, lo cual es una barrera crítica (es decir un humedal financiero) que nos ayuda a evitar deudas futuras. Y esto, entonces, cultivará un estilo de vida más activo y generoso. Finalmente llegamos al momento de orar juntos sobre si nuestro estilo de vida está alineado con lo que es necesario para que nuestra familia cumpla su misión: amar a Jesús de todo corazón.

EJERCICIOS DE TODO CORAZÓN

¿DÓNDE ESTÁ USTED AHORA?

(MARQUE CUALQUIER AFIRMACIÓN QUE CORRESPONDA).

Lo que gasto a diario es...

❏ Insostenible.

>> Gasto primero, luego trato de encontrar el dinero.

>> A menudo recurro a mis ahorros.

>> Nunca llego a pagar el total de mi tarjeta de crédito.

❏ Sustentable.

>> Planeo primero. Luego gasto.

>> Ahorro para reemplazar las cosas que se gastan.

>> He separado dinero para emergencias financieras (es decir, un fondo de emergencias) porque creo que alguna vez puede ocurrir algo inesperado.

En este momento, ¿qué tan sustentable es su nivel de gastos?

MAYORMENTE INSOSTENIBLE						ALTAMENTE SUSTENTABLE			
1	2	3	4	5	6	7	8	9	10

GENERE UN PLAN DE GASTOS

El objetivo de un plan de gastos es gastar menos de lo que se gana para crear un margen y resiliencia financiera. La mayoría de la gente comienza haciendo planes para restringir sus gastos futuros. Pero sin observar y hacer un seguimiento de gastos primero, la motivación y el conocimiento están ausentes, de manera que es inevitable el fracaso.

Antes de intentar generar el plan de gastos que presentamos a continuación, el cual implica establecer límites para sus gastos, desarrolle el hábito de observar y hacer un seguimiento de sus ingresos y gastos. Hacerlo le dará una mayor comprensión de cómo gastar el dinero. No se olvide de cultivar un corazón agradecido por el pan de cada día que Dios nos da.

❏ Basado en su gratitud por la provisión diaria de Dios, genere un plan de gastos poniendo dinero en los sobres digitales o, por lo menos, comience a determinar cuánto dinero irá a cada lugar por mes. Los siguientes pasos lo ayudarán a empezar:

1. Calcule sus ingresos esperados para el año y divídalo por 12: $_____.

2. Usando los conceptos del capítulo 3, determine lo que espera dar para este año, luego, divídalo por 12: $_____.

3. Complete la hoja de cálculo de la tasa de proyección que aparece en WholeHeartFinances.com/spanish/#home (Apéndice, capítulo 5).

4. Resuma los resultados de la hoja de cálculo aquí:

COSTO DE VIDA REAL
(DESEMBOLSOS REGULARES + IRREGULARES)

1. HOGAR	$_____
2. AUTOMÓVIL/TRANSPORTE	$_____
3. SEGURO	$_____
4. COMIDA	$_____
5. CUIDADO PERSONAL	$_____

6. NIÑOS/MASCOTAS	$_____
7. SALUD/ESTADO FÍSICO	$_____
8. ENTRETENIMIENTOS	$_____
9. OTROS	$_____
TASA DE PROYECCIÓN TOTAL POR MES	$_____

5. Calcule el salario requerido para mantener su estilo de vida actual:

$$\text{SALARIO MENSUAL REQUERIDO} = \frac{\text{Tasa de proyección mensual}}{(1 - [\text{Tasa de proyección} + \text{Tasa de donación}])} = \$_____$$

6. Su salario mensual actual, ¿es mayor o menor que el monto recién calculado? Si es menor, entonces sus ingresos no pueden mantener su estilo de vida por un período prolongado de tiempo.

7. Ore por su tasa de proyección y pídale al Espíritu Santo que lo guíe claramente sobre si debería gastar más o menos dinero en algo particular de su estilo de vida.

8. Agregue un monto mensual para ahorros (la cuarta parte lo ayudará a determinar qué metas de ahorro pueden ser apropiadas para usted).

RESUMEN DEL PLAN DE GASTOS

INGRESO MENSUAL	$_____
LO QUE DONA POR MES	$_____
TASA DE PROYECCIÓN MENSUAL	$_____
AHORROS MENSUALES	$_____
SOBRANTE DE LOS INGRESOS MENSUALES (DEBERÍA SER $0)	$_____

CAPÍTULO 6

LA BENDICIÓN DE LOS NEUMÁTICOS Y LOS TECHOS

Incluso si supiera que mañana el mundo se haría pedazos, aun así, plantaría mi manzano.

ATRIBUIDO A MARTÍN LUTERO

Una hermosa mañana de primavera, los pájaros del vecindario tomaron la corona decorativa de nuestra puerta de entrada. Cantaban sus alegres melodías como siempre, pero había dos gorriones que no dejaban de revolotear alrededor de la casa. Mi esposa, quien sabía de qué se trataba todo ese ruidoso ajetreo, cerró con rapidez el patio trasero para que no hicieran su nido adentro. *Váyanse a otra parte, precursores de popó de pájaro.*

Una semana más tarde, vi a un gorrión salir volando con prisa cuando abrí la puerta del frente. Me dio curiosidad que el pájaro anduviera tan cerca de la casa. Así que me asomé sobre la corona y encontré un nido construido magistralmente y ¡con cinco pequeños huevos azules! Cuando le conté a Tammy, no pudimos evitar echarnos a reír. ¡Los gorriones habían frustrado nuestro esfuerzo!

De tanto en tanto, pienso en la forma en la que esos gorriones no fueron olvidados por Dios. Jesús dijo: «¿Cuánto cuestan cinco gorriones: dos monedas de cobre? Sin embargo, Dios no se olvida de ninguno de ellos. Y, en cuanto a ustedes, cada cabello de su cabeza está contado. Así que no tengan miedo; para Dios ustedes son más valiosos que toda una bandada de gorriones» (Lucas 12:6-7).

Incluso esos adorables huevos azules —del tamaño de una moneda— eran preciosos para Dios. También pienso en lo persistentes y habilidosos que fueron esos gorriones para construir una casa para su familia. Claramente, superaron la resistencia que les hicimos.

Jesús tenía aún más que decir sobre los pájaros: «Considerad los cuervos, que ni siembran, ni siegan; que ni tienen despensa, ni granero, y Dios los alimenta. ¿No valéis vosotros mucho más que las aves? [...] No temáis, manada pequeña, porque a vuestro Padre le ha placido daros el reino» (Lucas 12:24, 32, RVR60).

Está claro que Jesús se preocupa por los pájaros. ¡Y nosotros *valemos mucho más* para él que los pájaros! No solo eso, sino que el Padre también nos ha dado el reino, el principal lugar de refugio y seguridad. Dada su cariñosa atención y abundante provisión del reino, ¿qué tanto importa en realidad el tipo de automóvil que conducimos o la casa en que vivimos?

Las casas y los automóviles sí importan. Y mucho. El refugio es fundamental para nuestro bienestar físico, emocional y mental, y tener transporte confiable a menudo es la única manera que tenemos de obtener un ingreso. Lamentablemente, los costos de una vivienda y un automóvil pueden ser una gran fuente de estrés. Tal como en el caso de los gorriones, fuerzas externas pueden amenazarnos e intentar exponernos.

En medio del penoso proceso de asegurarnos los neumáticos y el techo, olvidamos a menudo nuestro hogar permanente, el cual ya hemos recibido. Es tan fácil hacerlo, de hecho, que, a menudo, somos impulsivos y actuamos de maneras que dañan nuestra habilidad de ser generosos a largo plazo.

El estrés de alquilar un automóvil

Cuando tenía quince años obtuve mi primer empleo. Como adolescente, era algo glorioso poder comer gratis tacos rellenos mientras ganaba mi salario en Taco Bell. Ahorraba la mayor parte de lo que ganaba para un propósito: comprar una camioneta *pick-up* usada. A lo largo del año logré ahorrar $2000 y compré una Chevy S-10 usada. Tenía una fisura en el motor y perdía líquido refrigerante, emitía grandes bocanadas de humo blanco cada vez que aceleraba (en la actualidad, esto hubiera llevado de inmediato a mi arresto).

Después de años de conducir mi camioneta, a la que llamaba Sandpiper, una mañana giré la llave y no arrancó. La hice remolcar hasta el taller, donde el mecánico se rio y dijo: «¡Esta cosa no tiene suficiente compresión ni para hacer chispa en las bujías!». Dicho de otra manera, mi pobre Sandpiper había muerto mientras dormía.

Un vehículo es fascinante… cuando anda. Tener acceso a un vehículo es una cuerda salvavidas que a la mayoría de nosotros nos permite ganar dinero. Pero a pesar de todos sus méritos, un automóvil también es un destructor de cualquier plan de gastos. Usted puede estar haciendo todo bien con su plan de gastos hasta que un mecánico pronuncia las horribles palabras «juntas» o «transmisión». Esas palabras, por lo general, cuestan miles de dólares que usted no tiene.

Por ese motivo, mucha gente supone que es mejor alquilar un auto nuevo que, por lo general, no requiere grandes reparaciones. Las cuotas de alquiler no están fuera del alcance de la mayoría de los estadounidenses con empleo pleno[34], entonces, ¿por qué no evitar mi historia de aquel «cacharro herrumbrado» que de seguro se rompería y alquilar uno?

En realidad, hay muchas razones. La más importante es que si está alquilando un vehículo y pierde su empleo, tiene un pago que no puede afrontar, por lo cual perderá el vehículo cuando más lo necesita. Tener su propio vehículo lleva a la resiliencia financiera porque la mejor forma de encontrar un nuevo empleo es conducir para relacionarse físicamente y estrechar manos.

Los seguros también son engañosos cuando se alquila un vehículo. Si tiene un accidente, resulta mucho más desastroso y más costoso que si el vehículo fuera suyo. Además, los seguros son los más caros, mientras que los propietarios pueden elegir la cobertura más económica.

Hay muchas otras razones para preferir comprar un automóvil en vez de alquilarlo. Comprar es sencillamente más económico, ya que no tiene cuotas por adelantado, pago de intereses ni tasas de depreciación. Los intereses y los cargos de devaluación combinados generan un interés implícito que es mucho más elevado que el índice de cotización. Por ejemplo: por un Toyota Prius alquilado por $420 al mes con un 4,2% de interés, el costo de interés implícito (que incluye el costo por depreciación que está incluido en la cuota del alquiler) es del 9,1% (¡más del doble!).

Otra razón es que ser dueño no requiere límite de kilometraje ni tasas por posible daño. En los Estados Unidos un límite de millaje típico por los vehículos de alquiler está entre 10.000 y 12.000 millas por año (es decir, entre 6000 y un poco más de 7000 kilómetros), con un costo de $0.20 por milla si se conduce más allá de ese límite. Dado que el estadounidense adulto con empleo promedio conduce unas 15.000 millas por año[35], es probable que quienes alquilan estén pagando un costo adicional de entre $600–$1000 de millaje cada año. Si sus amigos quieren viajar a las montañas, usted de seguro dudará porque sabe que el costo será mucho más que solo combustible. Además, el concesionario del alquiler cobra precios exorbitantes para arreglar daños en un vehículo de alquiler. Cualquier rasguño o abolladura puede resultar en cientos de dólares en la reparación.

Permítame compartirle un ejemplo de lo relajadas que pueden resultar las cosas cuando se es dueño de un vehículo. En una ocasión, cuando estudiaba en la universidad, salí a surfear con un amigo. Medio dormido, a las cinco de la mañana, di de costado contra un poste cerca de un surtidor. Mi amigo me miró esperando mi reacción. Cuando comprendí que la abolladura no afectaría el funcionamiento de mi camioneta, le dije: «¡Muy bien! Hay mucho oleaje, así que ¡vamos!». Mi reacción despreocupada solo era posible porque yo era el dueño del vehículo.

En resumen, mientras que la persona que alquila puede librarse de las preocupaciones que significa buscar un mecánico para hacer reparaciones mayores, es probable que experimente más estrés a causa de los límites de millaje, lo engorroso de los seguros de automóvil, los costos por daño y la falta de vehículo cuando se pierde el empleo. Una vez que se termina de pagar un vehículo comprado es suyo para conducir cuanto quiera, tenga empleo o no, con cualquier seguro que prefiera, por el tiempo que quiera y con todas las abolladuras que pueda aceptar.

AUTOMÓVIL DE ALQUILER	AUTOMÓVIL PROPIO
• Tasa de interés elevada	• No hay tasas de interés
• Vehículo más nuevo con más comodidades	• Vehículo más viejo sin tantas comodidades
• Cuotas de seguro más caras • El engorro de las aseguradoras	• Cuotas de seguro más bajas • Se puede elegir el seguro menos engorroso
• Límites de millaje /tasas por millaje excedido	• Sin límites de millaje
• Precios más elevados por reparaciones	• Menor costo por reparaciones
• Pérdida de vehículo por pérdida de empleo	• Es suyo en forma permanente

Pago triple por automóvil, el pozo de la desesperación

Pero ¿qué pasa con la compra de un vehículo? En los Estados Unidos, más del 85% de los automóviles nuevos son financiados y, en promedio, lleva casi seis años saldar la deuda, lo que conforma una deuda nacional conjunta de más de $1.000.000.000.000 por financiación de vehículos[36].

Ya sea que compre un vehículo nuevo o usado, no recomiendo los préstamos para la compra por la forma en que atan a los compradores a un *pozo de desesperación por el pago triple*. Aunque la mayoría de las personas están familiarizadas con el pago doble de: (1) reembolso del préstamo y (2) el pago de los intereses, hay un tercer pago que deben considerar: el ahorro para pagar al contado, lo que lo ayudará a evitar endeudarse para comprar el próximo automóvil. Este tercer pago también se aplica a los vehículos alquilados.

Por ejemplo, si yo saco un préstamo para comprar un vehículo de unos $26.000, mi pago mensual será alrededor de $470[37]. Esto incluye el reembolso del préstamo inicial y el interés sobre el préstamo. Si decido que sería mejor evitar la deuda y pagar mi próximo automóvil al contado, necesitaría ahorrar $330 cada mes para reemplazar mi vehículo después de diez años de uso (este monto incluye el precio que sube con el tiempo).

Este pago triple es de $800 en total, lo cual es demasiado para la mayoría de las personas. Una vez que tenemos el préstamo para un vehículo, es demasiado difícil tener un monto extra para pagar el préstamo, los intereses del préstamo y ahorrar para

> **PAGO TRIPLE POR AUTOMÓVIL, EL POZO DE LA DESESPERACIÓN**
>
> 1. Reembolso del préstamo
> 2. Intereses
> 3. Ahorro para pagar al contado el futuro vehículo y quedar libre de deuda

el próximo vehículo. Se ha informado que una tercera parte de la gente que está comprando vehículos nuevos mediante el canje de su antiguo vehículo también termina amontonando la deuda de su antiguo automóvil con el nuevo préstamo, lo cual los empuja a un círculo vicioso de deudas[38].

Comprar usado, al contado

¿Qué debemos concluir entonces? En general es mejor maximizar su resiliencia financiera comprando *vehículos usados* al contado. Como los vehículos se deprecian con el tiempo, siempre habrá a disposición vehículos usados a precios razonables. Incluso si alguna circunstancia especial reduce la provisión y aumenta el precio de los usados (como ocurrió después de la pandemia de COVID-19), con el tiempo, estos factores volverán a sus valores normales.

Cuando se compra un automóvil usado, hay muchas más opciones hoy que cuando yo compré mi primer vehículo usado en 1996. La mayoría de los fabricantes de automóviles ahora tienen *garantías certificadas de segunda mano*. Además, en los Estados Unidos un informe CARFAX puede identificar si un vehículo usado ha tenido demasiados dueños, accidentes o retornos al fabricante.

Es mejor maximizar su resiliencia financiera comprando *vehículos usados* al contado.

Otra posibilidad es pagar a un mecánico de confianza entre $100–$200 para que inspeccione un posible vehículo a comprar. Quizás tenga que hacerlo varias veces antes de encontrar el vehículo adecuado, pero puede ahorrarle miles de dólares en costos de reparación.

La conclusión es que tener un auto propio le ahorra dinero a largo plazo, hasta $20.000 cada diez años. Este cálculo incluye nuevo sistema de transmisión y cubiertas, y ni siquiera tiene en cuenta la reventa de su vehículo después de diez años ni el beneficio de no quedarse sin transporte si pierde su empleo.

Compra de vivienda 101

Aunque es probable que un automóvil sea la primera compra grande una vez que tenemos un empleo estable, es probable que la compra de una casa sea la mayor inversión que haremos en toda la vida. Las viviendas son un asunto muy costoso. El precio de una casa mediana en los Estados Unidos supera los $428.000[39] en la actualidad. Yo vivo en California del sur, donde una casa mediana en la actualidad vale casi $1.000.000[40]. Como no soy millonario, no puedo solo «comprar una vivienda». Aunque en sentido técnico «soy propietario de mi casa», en el momento presente, la idea me parece irrisoria. En verdad no soy dueño de mi casa. En lugar de eso, tengo acceso a ella por medio de una hipoteca, con la idea de que pueda ser oficialmente dueño de ella dentro de treinta años.

Como las casas son tan costosas, hay todo un lenguaje que se centra en torno a cómo comprar una sin tener el dinero para comprarla. Permítame definir algunos de los términos más importantes que necesita manejar.

Hipoteca

Cuando un banco le presta dinero para comprar una casa, ese préstamo se llama *hipoteca*. Si no se cancela la hipoteca en un plazo de treinta años, por lo general tendrá que entregar las llaves de su casa al banco a modo de ejecución hipotecaria. Esto puede ser un desastre para su reputación y generar dificultades en muchas áreas de su vida (ver capítulo 9).

APR fijo o variable

El banco cobra interés sobre su hipoteca cada mes, hasta que el préstamo se cancela. Por ley se requiere que las tasas de interés, aunque se evalúan cada mes, se determinen en términos anuales. APR representa la Tasa de Porcentaje Anual (por su sigla en inglés) del préstamo. Si la APR es *fija*, el costo del interés no cambiará durante toda la vida del préstamo. Si es *variable*, podrá cambiar en cualquier momento.

Tasa fija versus ARM

La hipoteca más tradicional es un *préstamo a tasa fija* por treinta años. Esto significa que el préstamo tendrá un pago mensual fijo durante un período de treinta años. Un APR variable por treinta años significa que sus pagos cambiarán cada año, pero este tipo de préstamos no suele darse. Un híbrido entre un APR fijo y variable es un préstamo hipotecario de tasa ajustable (ARM por su sigla en inglés), el cual es fijo por algunos años y, luego, se «ajusta» a una tasa variable después de ese período inicial fijo.

El período de ajuste se comunica en el primer número en una descripción de ARM. El segundo número hace referencia a la frecuencia con que se ajustará la tasa después del período inicial fijo. Un «ARM 5/1» tiene un período de tasa fija de cinco años y después de eso se reformula cada año. Un ARM 7/1 tiene un período fijo de siete años y, luego, se reformula cada año. A la gente suele gustarle los ARM porque tienen una tasa mucho más baja durante el período fijo, pero después de eso el pago mensual puede subir sustancialmente.

Estos también son productos peligrosos porque al cliente se le dice que no debe preocuparse de cuánto será el pago más elevado después del período fijo ya que pueden «sacar rédito» de la suba de precio que tendrá su vivienda. No obstante, como descubrieron miles de personas durante la crisis financiera global del 2008, el precio de las casas no siempre sube. Tener un ARM durante aquel tiempo significó perder la casa después del período de ajuste. Mientras que quienes tenían hipotecas tipo ARM representaban solo en 18% de todas las hipotecas de alta calidad (excelente) y 48% de las hipotecas de baja calidad (de alto riesgo), más de la mitad de todas las ejecuciones hipotecarias y el 73% de las ejecuciones hipotecarias de baja calidad fueron de quienes tenían ARM[41].

El agente

Tradicionalmente, un agente inmobiliario ha sido una parte fundamental de cualquier compra o venta de vivienda. Si usted quiere comprar, trabajar con un agente aumenta las oportunidades de encontrar una vivienda adecuada. Si quiere vender, un agente aumenta las oportunidades de encontrar un comprador. Puede ser que el papel más importante que juega un agente es ayudar tanto al comprador como al vendedor a navegar por las miles de páginas de documentos legales que deben firmarse. Un agente inmobiliario por lo general cobra alrededor del 6% del precio de la vivienda como comisión (aunque esta tasa está bajando).

Anticipo y PMI

A los bancos no les gusta prestar si el cliente no «pone algo en juego», de manera que, por lo general, requieren un *anticipo hipotecario*, un monto que se paga por adelantado. El monto tradicional es del 20% del precio de la casa, lo que le permite evitar varios cientos de dólares cada mes de un *seguro hipotecario privado* (PMI por su sigla en inglés). El PMI es otra salvaguarda para los bancos, ya que la compañía privada de seguros seguirá haciendo los pagos en el caso de que usted deje de hacerlos. Tener el 20% para el anticipo también lo califica a usted como comprador para un APR más bajo y hace más competitiva su oferta por la compra de la casa.

Depósito

Cuando compra una vivienda, el comprador no va sencillamente al vendedor con un maletín lleno de efectivo. En lugar de eso, el agente se valdrá de una compañía de depósito en fideicomiso para recibir y distribuir el dinero durante la transacción de la propiedad: comisiones del agente y del abogado, comisión por el proceso de préstamo y precio de la tasación de la propiedad. En promedio, el comprador pagará $4000 en honorarios, pero solo el vendedor pagará la comisión del agente.

Préstamos a solo-intereses (IO)

A veces los bancos dan *préstamos a solo-intereses* (IO por su sigla en inglés) además de los préstamos tradicionales. En los préstamos IO, la cuota que paga la persona que pide el préstamo es solo el interés de la hipoteca. A la gente le gustan los préstamos IO porque, por lo general, tienen cuotas a la mitad del valor de lo que pagarían en una hipoteca tradicional. Están en realidad «pagando una renta» y, si sube el valor de la casa, pueden pagar esa suba al contado (es decir, el valor patrimonial) y tienen la posibilidad de pasar a un préstamo tradicional.

Por ejemplo, tenía un amigo que completó su curso de graduación en Escocia durante un período de cuatro años. Era difícil encontrar una casa para alquilar, de modo que compró una casa con un préstamo IO de $400.000. Cuando terminó de estudiar, su deuda era todavía de $400.000. En ese momento, si su casa valía más que el préstamo —digamos $500.000—, podía venderla, pagar la deuda y quedarse con los $100.000 extra. Por otro lado, si la casa valía menos que el préstamo —digamos $350.000—, hubiera necesitado tener $50.000 extra para poder saldar el préstamo (lo cual es muy poco probable que le suceda a un teólogo).

Como los préstamos ARM, los préstamos IO son predatorios. A los consumidores se les promete que los precios de las casas *solo suben*, pero, si el valor de su vivienda baja, puede terminar con una deuda de miles de dólares al banco si necesita venderla.

Préstamos FHA/Programas para la compra de la primera vivienda

La Administración Federal de la Vivienda (FHA, por su sigla en inglés) intenta hacer que la compra de la casa sea más accesible y provee préstamos con cuotas más bajas, precios finales más bajos y mejor financiación. No obstante, aun así se requieren los seguros de bajo riesgo para hipotecas, y el vendedor quizás no quiera hacer el trato con usted si se enteran que el prestamista es el gobierno. Pero un préstamo FHA puede ser la oportunidad si no puede pagar un anticipo elevado. Además, los gobiernos, a veces, tienen oportunidades hipotecarias generosas para aquellos que compran por primera vez, las cuales incluyen ser calificados para un préstamo hipotecario APR, incluso con un anticipo de 0%. Pida más detalles a un banco o a una cooperativa de crédito local (ver capítulo 11 para saber más sobre cooperativas de crédito).

¿Conviene comprar una vivienda?

A corto plazo, alquilar siempre será mejor para su billetera y su agenda porque le deja más tiempo, dinero y opciones. Comprar una vivienda implica muchos gastos pesados además de la hipoteca, incluyendo muebles, electrodomésticos, impuestos a la propiedad, seguros, boletas de agua y servicios de recolección de residuos, mantenimiento y reparaciones, cuidado del terreno y control de plagas. Si su hipoteca es de $1500 por mes, en realidad, de seguro pagará $2500 por todos esos costos adicionales.

En general, sin embargo, tener una vivienda propia para más de un ciclo de uso (por lo menos diez años), permite, la mayoría de las veces, una ganancia significativa. Una de las preguntas más frecuentes que me hacen es: «¿Conviene que compre una casa si los precios están tan elevados?». Mi respuesta es: «¡Los precios siempre son elevados! Es el precio de tener acceso a mucha financiación, porque el acceso fácil empuja hacia arriba el precio de cualquier cosa que se esté financiando».

Por lo general, es mejor comprar no cuando los precios estén bajos, sino cuando usted sabe que tiene altas probabilidades de quedarse en esa casa a lo largo de todo un ciclo de uso. Si compra en el pico del ciclo de precio, su casa irá bajando de precio por un período largo. Para muchos de los que pagaron precios pico en 2007, el valor de sus casas se vino abajo durante varios años y, finalmente, llegó al precio original de compra alrededor de trece años después. Es importante que resista a la tentación de procurar dinero fácil y comprar una casa cuando no sabe si estará bien establecido en su vecindario, su carrera y su vida familiar. Si compra cuando los precios son elevados, piense a largo plazo para que pueda capear una recesión económica.

La otra consideración importante cuando está pensando comprar es si puede conseguir una hipoteca precalificada. *Precalificación* significa que usted le pide al banco —o, mejor todavía, a un agente hipotecario— que asegure una hipoteca con tasa competitiva antes de hacer ninguna oferta por la casa. Entonces usted será mucho más competitivo cuando haga una oferta por la casa. Si está precalificado para un anticipo del 0% (por ejemplo un préstamo FHA), le será mucho más difícil lograr que un vendedor acepte su oferta, ya que a nadie le gusta hacer negocios con el gobierno. Si su precalificación es con un banco importante e incluye un anticipo del 20% (lo que demuestra que es un comprador serio y estable), tendrá una oferta mucho más competitiva.

Uno de los obstáculos más importantes para asegurar una hipoteca con tasa competitiva se conoce como *relación deuda-ingresos*, la relación entre los gastos de la vivienda y los ingresos brutos del comprador, es decir, la proporción de sus ingresos mensuales que va para los costos de vivienda (el precio principal, los intereses, los impuestos y el seguro). Si esa relación es más del 30%, entonces, o bien será rechazado para un préstamo precalificado u obtendrá uno con un APR más elevado.

> **Un corazón íntegro en Cristo no está apurado ni preocupado por los automóviles y el refugio, sino que tiene una perspectiva a largo plazo que favorece la responsabilidad.**

En resumen, si está pensando comprar una casa, priorice tener un ingreso estable y poder ofrecer un anticipo sólido para tener acceso a una oferta competitiva y así tener la posibilidad de aguantar una recesión durante el ciclo inmobiliario de diez años. En general, hay muchas excepciones a este principio, pero conviene manejarse siempre con una saludable precaución en la compra de una casa, ya que tiene el poder de crear o destruir riqueza con rapidez.

Y si pertenece al gran porcentaje de estadounidenses que probablemente nunca tengan acceso a una hipoteca competitiva porque su ingreso es demasiado bajo o no puede reunir el 20% necesario para un anticipo, considere los préstamos FHA y los programas para la primera compra de vivienda que mencionamos antes. Sobre todo, sepa que el Señor se interesa profundamente por dónde duerme usted. Como un Padre amoroso o un buen pastor, se ocupará de sus necesidades con increíble habilidad y solicitud.

● ● ●

Los automóviles y las viviendas son grandes compras que requieren decisiones complicadas, ya que, a menudo, no podemos afrontar su costo, pero necesitamos neumáticos para circular y la protección de un techo sobre nuestras cabezas. El mundo ha capitalizado nuestro pánico y creado una red de productos que nos permiten adquirirlos incluso cuando no tenemos dinero para comprarlos. Con mucha frecuencia, nos aferramos a esos productos, pensando solo en el corto plazo.

Las recomendaciones que he dado en este capítulo están pensadas para ayudar a cultivar un corazón íntegro que toma en serio las palabras de Jesús de que el Padre nos ve, nos conoce y nos ama y nos ha dado el reino. Un corazón íntegro en Cristo no está apurado ni preocupado por los automóviles y el refugio, sino que tiene una perspectiva a largo plazo que favorece la responsabilidad. Esto genera un camino más fácil para una vida de generosidad porque evita las trampas del corto plazo, las soluciones con deudas de intereses altos, las cuales extraen recursos preciosos que el Señor nos ha dado para manejar.

♥ EJERCICIOS DE TODO CORAZÓN

¿DÓNDE ESTÁ USTED AHORA?

(MARQUE CUALQUIER AFIRMACIÓN QUE CORRESPONDA).

Mis posesiones por lo general son...

❑ Prestadas.

> » La mayoría de las cosas que uso no me pertenecen. Tengo todo en cuotas.

> » Si perdiera mi salario, perdería mis posesiones.

> » Me gustan las cosas lindas ahora, no me gusta lidiar con vehículos ni artefactos viejos.

❑ Propias.

> » Soy propietario de las cosas que uso, incluyendo el automóvil, los muebles y los artefactos domésticos.

> » Acepto tener cosas usadas porque me permiten ahorrar para reemplazarlas por versiones mejores.

> » Acepto tener cosas usadas porque me permiten ahorrar para reemplazarlas por versiones mejores.

¿Cuánto de lo que tiene es de su propiedad?

NO SOY DUEÑO DE LA MAYOR PARTE DE LO QUE USO						SOY DUEÑO DE LO QUE USO			
1	2	3	4	5	6	7	8	9	10

AVANCE HACIA SER PROPIETARIO DE LO QUE USA

❑ Priorice pagar al contado su próximo vehículo iniciando un sobre de «Ahorros para el automóvil» en su plan de gastos.

❑ Busque en línea sitios para la compra de viviendas e identifique algunas casas que le gustaría poder comprar. Ver WholeHeartFinances.com/spanish/#home (Apéndice, capítulo 6) para ver algunas páginas sugeridas en los Estados Unidos.

❑ Calcule su relación deuda-ingreso de esas viviendas. Solo busque las casas donde el costo en vivienda* sea menor al 30% de su ingreso.

$$\text{MI RELACIÓN DEUDA/INGRESOS} = \frac{\text{Costos de la vivienda (PITI)*}}{\text{Ingresos brutos mensuales}} = \underline{\hspace{2cm}}\%$$

*Costos de la vivienda = PITI = pago de la hipoteca (principal + intereses) + impuestos a la propiedad y cuotas de seguro.

CAPÍTULO 7

DESCUBRA SU PERSONALIDAD MONETARIA

Era su costumbre la de siempre tener algo de dinero encima.
La triste vida a la que había sido condenado se lo imponía
como si fuera una ley.

VÍCTOR HUGO, *LOS MISERABLES*

Durante el ministerio de enseñanza de Jesús, un cobrador de impuestos para el templo le preguntó a Pedro si Jesús pagaba el impuesto para el templo. A pesar de que técnicamente no tenía que pagar ningún impuesto porque era Hijo de Dios, Jesús le indicó a Pedro que fuera a pagarlo, lo hizo de una manera extraña: «Para que no los ofendamos, ve al mar, echa el anzuelo, y el primer pez que suba, tómalo. Cuando abras su boca, hallarás una moneda. Tómala y dásela a ellos por mí y por ti» (Mateo 17:27, RVA-2015).

Me gusta esta historia por dos motivos. Primero, por lo divertido y creativo que Jesús se mostró al pagar el impuesto. Si usted le pidiera a alguien que nombrara la actividad que menos le gusta, es probable que su respuesta sea: «Pagar los impuestos». Con Jesús no fue así. Un pez con una moneda en la boca es una manera graciosa y creativa de afrontar lo que consideramos una tarea desagradable.

Segundo, me gusta la forma tan personal que tiene Jesús con sus seguidores. Lo que es maravilloso es que Jesús también se relaciona con nosotros con su corazón y su personalidad únicos. Como Pedro era pescador, creo que Jesús eligió la pesca como el método de Pedro de pagar el impuesto. Como yo soy muy malo para pescar, me imagino que Jesús miraría mi corazón y vería que me gusta nadar en aguas abiertas y me pediría que nadara en el mar hasta encontrar una concha marina con una moneda en su interior.

Dentro de nuestras personalidades, nuestro corazón se relaciona singularmente con el dinero de maneras tanto saludables como no saludables. De la misma manera que nuestra necesidad de neumáticos y techo puede ayudar o dañar nuestro plan de gastos (dependiendo de si nos volvemos demasiado cortos de vista para resolver nuestras necesidades), *nuestra personalidad monetaria* tiene el potencial de ayudar o dañar nuestro plan de gastos dependiendo de cómo se expresa.

Mis dos hijos, Sage y Silas, son muy próximos en edad y son inseparables cuando están en casa. Tienen su propio lenguaje y juegos, pero se relacionan de manera diferente en lo que a dinero se refiere. Cuando le doy dinero a Sage, ella lo guarda de inmediato, como una ardilla. Cuando le doy dinero a Silas, él busca de inmediato en qué usarlo, como una nutria juguetona.

Así como no hay un tipo de personalidad correcto (por ejemplo extrovertido versus introvertido), tampoco hay un tipo de personalidad monetaria correcta, pero las personalidades monetarias *pueden* volverse distorsionadas (a veces por experiencias pasadas), lo cual significa que nuestro corazón ya no se relaciona con el dinero de una manera saludable[42]. En los últimos veinte años, los psicólogos han clasificado las personalidades monetarias de diversas maneras. Para que tengamos una mejor imagen de cómo nos relacionamos con el dinero, me enfocaré en dos aspectos: los *mundos del dinero* y las *dimensiones del dinero*.

Los mundos del dinero

La profesora y psicóloga social Miriam Tatzel condensó diversas actitudes y valores respecto del dinero en dos características principales[43]:

1. El grado de soltura con el dinero

Si usted es *relajado con el dinero*, entonces está dispuesto, y hasta ansioso, por gastar. Siente que al gastar más, obtendrá lo mejor. En contraste, si es *rígido con el dinero*, por lo general se resiste a gastar, y cualquier gasto grande tiene que ser justificado del todo.

2. El grado de materialismo

Si tiene un *elevado grado de materialismo*, obtiene placer de las cosas materiales que mejoran su calidad de vida. Si tiene un *bajo grado de materialismo*, ve las cosas materiales como herramientas relativamente neutrales y disfruta más de las experiencias que mejoran su calidad de vida que de las cosas.

Observe por vavor que tener un elevado materialismo ¡no está moralmente mal! Solo significa que Dios lo hizo de tal manera que disfruta la vida particularmente por medio de las cosas materiales. Un buen ejemplo es una descripción del personaje principal de la novela *The Talented Mr. Ripley* (El talento de Mr. Ripley):

> Amaba las posesiones, no cantidades de ellas, sino un pequeño grupo selecto del cual no se separaba. Le daban al hombre respeto por sí mismo. No la ostentación, sino la calidad y el amor que valoraba la calidad. Las posesiones le recordaban que existía y le hacían disfrutar su existencia[44].

La combinación de ambos

Combinando estas dos características de grado de soltura y materialismo, la profesora Tatzel pudo hacer un mapa de cuatro posibles *mundos del dinero*. Tienen aproximadamente este aspecto:

MUNDOS DEL DINERO

	RIGIDO	RELAJADO
LEVADO MATERIALISMO	**Buscador de valor.** Dedica mucho tiempo a investigar y ahorrar para comprar cosas buenas.	**Gran gastador.** Gasta dinero en cosas lindas para estar conectado consigo mismo y con otros.
BAJO MATERIALISMO	**No gastador.** Evita gastar porque es penoso. Estaría feliz de nunca tener que ir de compras ni tener demasiadas cosas.	**Buscador de experiencias.** Ve el dinero como una manera de comprar experiencias y servicios que llevan al crecimiento y al desarrollo.

Según ese cuadro, ¿dónde entra usted? Yo tiendo a ser un *buscador de experiencias*, y mi esposa es más bien *buscadora de valores*. Mi bajo materialismo y soltura con el dinero significa que no me molesta gastar en experiencias, pero no disfruto comprando cosas que no implican mi desarrollo propio (como la ropa). Por el otro lado, a Tammy le gusta la buena comida y quiere cosas de calidad para nuestro hogar, así que está dispuesta a gastar más para obtener esas cosas, aunque después de mucho buscar y negociar.

Nuestras personalidades monetarias diferentes tuvieron un fuerte choque después de un año de matrimonio, cuando miré a Tammy y le dije:

—Querida, ¡pasemos dos semanas en Europa! Costará alrededor de $5500. ¡Ya estuve mirando dónde podríamos ir!

Mi esposa dijo entonces:

—¿Qué? ¿Cómo es que me persigues cada vez que gasto $10 más de lo que asignamos para provisiones, pero tú estás dispuesto a gastar $5500 así nada más?

Como mencioné antes, la lección clave es entender que no hay un mundo de dinero «correcto». Cada variedad tiene sus expresiones saludables y no saludables. Por ejemplo, si su esposo es un *gran gastador* y usted es una *no gastadora*, de seguro se enfrentarán a mucho conflicto financiero. Un buen primer paso es que cada uno de ustedes reconozca que ambas personalidades son maneras legítimas de relacionarse con el dinero.

Por ejemplo, los grandes gastadores tienden a ser muy hospitalarios. Son naturalmente capaces de crear lugares hermosos y espacios cómodos gracias a su elevado materialismo. Por la misma razón, los grandes gastadores pueden pensar que no hay nada bueno en ser no gastadores, y considerarlos personas crueles y avaras. Sin embargo, la vida sencilla de un no gastador puede ser un ejemplo inspirador para todos, como María en la película *La novicia rebelde*, cuando llega a su nuevo hogar solo con una bolsa, una guitarra y una gran sonrisa.

Las dimensiones del dinero

Otra manera de identificar su personalidad monetaria natural es usar el marco llamado *Dimensiones del dinero*, desarrollado por la doctora Eileen Gallo[45]. Este marco ilustra cómo podemos tener una relación única con el dinero en tres dimensiones diferentes: (1) la adquisición, (2) el uso y (3) la administración. Aunque podemos mostrar las tres dimensiones, solo una es nuestra manera primaria de relacionarnos con el dinero. Para cada una de esas dimensiones, también hay una manera saludable y otra no saludable de relacionarnos con el dinero. Y en cada expresión no saludable, hay dos formas opuestas en que la persona puede ser no saludable.

La adquisición (A)

Si su dimensión monetaria primaria es la *adquisición* (A), ve al dinero principalmente como un *artículo de colección*. Lo trata de inmediato como un juego a ganar y siente que puede «subir de nivel» reuniendo más dinero. Ver la necesidad de coleccionar algo que es valioso en esta vida, no está necesariamente mal ni bien, pero hay dos formas en que el *adquiridor* puede volverse no saludable. En un extremo, él o ella desarrolla un apetito insaciable de adquirir dinero, como Smaug, el Dragón en *El Hobbit*, quien tenía la maldición de un apetito insaciable de oro. El otro extremo es volverse completamente evasivo para adquirir dinero, como un monje que se flagela y ve al dinero como algo maldito, y de tanto en tanto deja su cueva fría y desolada para ir a condenar a la gente del pueblo por disfrutar de sus comodidades terrenales.

El uso (U)

Si su dimensión monetaria primaria es el *uso* (U), ve principalmente al dinero por su uso potencial, como una clase de *tique* para el consumo disfrutable. En su mente, cada centavo se transforma de inmediato en un buen plato de restaurante, un entretenimiento de fin de semana o un tratamiento de belleza para las manos. En un extremo, el *usador* puede ser no saludable si desarrolla un apetito por gastar. Como Cher en la película *Ni idea*, en la escena en la cual llega a casa con bolsas llenas de ropa para sentirse mejor en la vida. El otro extremo es usar el dinero como un tique para sentirse seguro y a salvo, restringiendo el uso y viviendo como un tacaño.

La administración (Ad)

Si su primera dimensión monetaria es la *administración* (Ad) ve mayormente al dinero como algo que hay que administrar. Cada billete es una pieza de rompecabezas que hay que solucionar. Así es como mi hija Sage y yo nos relacionamos con el dinero. Verá una pequeña mueca de pena en nuestras caras cuando pensamos en la mejor manera de usar nuestro dinero. Un administrador se puede volver insano si desarrolla un apetito siempre creciente de controlar de manera excesiva la forma en que se usa, se gasta, se da y se ahorra el dinero.

Cuando expreso una personalidad monetaria no saludable, lo hago de la siguiente manera: dejo de estar en el momento, disfrutando de mi familia y, en lugar de eso, me enfoco en encontrar el plan perfecto para gastar determinado dinero. Uso una hoja de cálculo para asegurarme de que cada dólar se usa según a mí me satisface, en detrimento de mi esposa y de los niños. Ellos se convierten en obstáculos para mi plan perfecto, no personas a las que debo cuidar. En el otro extremo está alguien que, después de haber sufrido bajo el gobierno de un controlador excesivo, elije obstinadamente un enfoque de no intervención, por temor a dañar a las personas como él mismo se sintió dañado en el pasado. Esta es la clase de persona que se tapa los oídos cada vez que usted intenta tener una discusión significativa acerca de planes de gasto del dinero.

DIMENSIONES DEL DINERO

	LA ADQUISICIÓN (A)	EL USO (U)	LA ADMINISTRACIÓN (M)
DESCRIPCIÓN	El dinero es algo para *recolectar*.	El dinero es un *tique* del cual puedo consumir lo que quiero.	El dinero es una *tarea* por hacer que necesita ser cumplida.
SEGURO	**(A)** Su deseo de adquirir es saludable para usted y para otros.	**(U)** Su deseo de consumir es saludable para usted y para otros.	**(Ad)** Su deseo de administrar el dinero es saludable para usted y para otros.
ADMIRABLE	**(A+)** Adquiere dinero para sí mismo y para otros de manera inspiradora.	**(U+)** Usa el dinero para sí mismo y para otros de manera inspiradora.	**(Ad+)** Administra dinero para sí mismo y para otros de manera inspiradora.
EXTREMOS INSEGUROS	**(A-) Insaciable:** siempre hay un mayor nivel de riqueza al que quiere llegar. **(A-) Evasivo:** trata el dinero como algo maldito, de una manera nociva para usted y para otros.	**(U-) Derrochador:** no se conforma nunca con las cosas que consume. **(U-) Tacaño:** el dinero nunca le da la protección que desea.	**(Ad-) Controlador excesivo:** necesita controlar a otros para que su plan de gastos funcione. **(Ad-) Caótico:** le aterra que el dinero dañe sus relaciones, evita por completo los planes de gasto.

Analizar su historia con el dinero

Después de identificar su mundo del dinero y sus dimensiones del dinero, analice cómo ha llegado a ser insano en su personalidad monetaria. Por ejemplo, si es una persona que *busca valor*, está muy bien, pero quizás busca consuelo en las cosas materiales en lugar de en Jesús. O si ha descubierto que se relaciona principalmente con el dinero como algo para *usar*, quizás se ha dado cuenta de que a menudo se vale del dinero para sentirse a salvo y seguro, lo que le impide obtener eso de Dios el Padre.

Yo sé que cuando estoy en modo no saludable, entro directamente en modo *no gastador*, me vuelvo austero y condeno todos los gastos. Me vuelvo un *controlador excesivo* que se cierne sobre la lista de comparas de mi esposa: «Querida, no... ¡ese es un corte de carne muy caro!».

Pero ¿por qué a veces adoptamos una personalidad monetaria no saludable? Es más que adjudicar esas conductas a nuestra «naturaleza pecadora». El hecho es que nuestra vida financiera ha sido fuertemente influenciada por nuestra familia y los hechos de nuestras vidas.

A continuación, hay dos métodos que pueden ayudarnos a identificar estos factores del medioambiente y a entender mejor por qué a menudo nos «descarrilamos» con nuestra personalidad monetaria.

Genograma monetario

Cuando estaba en la escuela de enseñanza media, a menudo pasaba tiempo en la casa de mi amigo a la salida de la escuela. A lo largo de los años, observé que su familia tenía un patrón. Cada vez que mi amigo estaba triste por algo, su madre de inmediato tomaba su billetera, sacaba algo de dinero y le decía algo así: «Eres un buen chico. Sal un rato y haz algo divertido».

La madre de mi amigo, quien hacía todo lo que podía por demostrar amor por su hijo, tenía una clara visión del dinero como algo para *usar*, y es probable que tuviera una personalidad monetaria que era a la vez relajada y de elevado materialismo. De seguro influyó en la personalidad monetaria de mi amigo de manera profunda. Puede haber adaptado su personalidad monetaria y reaccionado contra lo que hacía su madre, volviéndose muy rígido y no materialista o puede haber imitado la manera de su madre de relacionarse con el dinero.

La Financial Therapy Association (Asociación de Terapia Financiera) ha estado al frente del desarrollo de herramientas útiles para personas que quieren explorar su relación con el dinero. Una de esas herramientas es el *genograma monetario*. Los psicólogos han usado los genogramas durante décadas para ayudar a la gente a entender la forma en que han sido influenciados por su familia de origen. Funciona de la siguiente manera:

1. Desarrolle un árbol familiar.

2. Anote la dimensión primaria para cada miembro de la familia (A, U, Ad).

3. Piense si usted ha experimentado una expresión saludable o no saludable de esa dimensión y asigne un más (+) o un menos (-) junto a la letra.

Por ejemplo, si mi amigo pensaba que su madre expresaba una versión de *derroche* no saludable de la dimensión *uso* del dinero, entonces en el círculo del genograma perteneciente a la madre debería poner una «U-». A continuación, hay un ejemplo de un genograma monetario. Tendrá la oportunidad de crear el suyo al final de este capítulo.

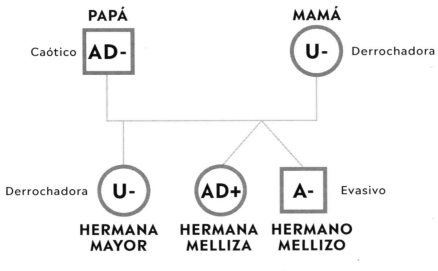

Genograma monetario

Autobiografía monetaria

La segunda manera de discernir la influencia de su medioambiente sobre su personalidad monetaria es identificar los sucesos que influyeron en sus puntos de vista acerca del dinero. Puede ser de mucha ayuda generar una línea de tiempo de momentos y períodos cuando el dinero se haya experimentado como algo placentero, neutral o penoso. Escribir una *autobiografía monetaria* puede ayudarlo a identificar posibles razones de ciertos disparadores que lo lanzan en un instante a una personalidad monetaria no saludable.

Por ejemplo, un amigo me confió en una ocasión que sus padres siempre peleaban por cuestiones de dinero cuando su padre perdió el empleo. Cuando mi amigo se casó, cada vez que tenía una discusión común y corriente con su esposa (por ejemplo, «¿A quién le toca lavar los platos?»), él de inmediato se sentía aterrado por la situación monetaria, incluso si sus finanzas estaban sólidas. Una vez que mi amigo comprendió que eso era solo un disparador, pudo convencer a su «yo de seis años» que sus discusiones eran de una naturaleza totalmente diferente de las de sus padres por el dinero.

Cómo sanar sus tendencias no saludables

Una vez que haya reflexionado sobre su historia monetaria, la mejor manera de ser más saludable en su personalidad monetaria es sencillamente acercar su corazón a Jesús. Así como un niño aprende a comer, a beber y a hablar pasando tiempo con sus padres e imitándolos, así podemos aprender a relacionarnos positivamente con el dinero estudiando e imitando el mundo monetario de Jesús, el cual se puede describir mejor como «soltura santa» que conduce al «materialismo santo». En Lucas 6:38, Jesús llama a una radical «soltura santa» con el dinero cuando dice: «Den, y recibirán. Lo que den a otros les será devuelto por completo: apretado, sacudido para que haya lugar para más, desbordante y derramado sobre el regazo. La cantidad que den determinará la cantidad que recibirán a cambio».

Esta soltura santa con el dinero es alimentada por la verdad de que Dios es el dueño de todo lo que tenemos; nosotros somos simples mayordomos que respondemos a su abundante generosidad con una generosidad propia. Mucha gente detesta la idea de tener soltura con su dinero, por temor a que los lleve inevitablemente a ser irresponsables como los grandes gastadores. Pero eso no ocurrirá en absoluto porque como somos generosos con el dinero de Dios en respuesta a su generosidad, nuestro materialismo se ve también santificado. Obtenemos un «materialismo santo» cuando nuestro disfrute del Dador sobrepasa nuestro disfrute de los bienes, lo que significa solo seremos relajados con el dinero hasta el punto que nos permita disfrutar de las cosas materiales *junto con* Jesús. Lo hacemos de una manera desprendida y que hace que Jesús sea bien visto ante los ojos del mundo.

La parábola del hijo pródigo describe una hermosa escena donde se ve la soltura y el materialismo santos. Cuando el hijo pródigo regresa, el padre, en su alegría, dice: «Rápido, traigan la mejor túnica que haya en la casa y vístanlo. Consigan un anillo para su dedo y sandalias para sus pies. Maten el ternero que hemos engordado. Tenemos que celebrar con un banquete» (Lucas 15:22-23). Que nuestro corazón se acerque hacia una soltura santa que sea generosa, junto con un materialismo santo que procura disfrutar la creación junto a nuestro Salvador, Jesucristo. Cuando combinamos eso con un plan de gastos cultivado en oración, nos volvemos más habilidosos para gastar el dinero de Dios y podemos ser mejores dadores también.

♥ EJERCICIOS DE TODO CORAZÓN

¿DÓNDE ESTÁ USTED AHORA?

(MARQUE CUALQUIER AFIRMACIÓN QUE CORRESPONDA).

En mi relación con el dinero, soy...

❏ No sé dónde estoy parado.

> » Tomo decisiones con el dinero que me dejan frustrado y frustran a otros.

> » Cuando la gente habla de dinero, de inmediato me siento estresado.

> » No puedo dejar de gastar dinero para sentirme mejor.

❏ Sé exactamente dónde estoy parado.

> » Conozco las creencias que tengo en relación con el dinero y sé cómo me manejo naturalmente con el dinero.

> » Puedo describir cómo ha influenciado mi familia en mi relación con el dinero y los disparadores que provocan mis conductas no saludables con el dinero.

> » Estoy dando pasos para expresar mi personalidad monetaria natural de maneras saludables.

¿Qué tan consciente está cuando se relaciona con el dinero?

NUNCA HABÍA PENSADO EN ESTO						SÉ CÓMO ME RELACIONO CON EL DINERO			
1	2	3	4	5	6	7	8	9	10

IDENTIFIQUE SU PERSONALIDAD MONETARIA

❏ Utilice los siguientes cuadros para ayudarse a identificar su mundo monetario.

RÍGIDO		RELAJADO
Soy reacio a gastar dinero. Todo desembolso grande tiene que ser justificado por completo.	0	Me gusta, incluso ansío, gastar. Creo que al gastar más obtengo lo mejor.

BAJO MATERIALISMO		ELEVADO MATERIALISMO
Veo las cosas materiales mayormente como necesidades pesadas.	0	Encuentro placer en las cosas materiales que mejoran mi calidad de vida.

MI MUNDO MONETARIO

	RÍGIDO	RELAJADO
ELEVADO MATERIALISMO	**Buscador de valor** Le dedico mucho tiempo a investigar y a ahorrar dinero para comprar cosas que me gustan.	**Gran gastador** Gasto dinero en cosas lindas que me ayudan a estar conectado conmigo mismo y con otros.
BAJO MATERIALISMO	**No gastador** Gastar dinero es penoso. Sería feliz de no tener que ir de compras ni tener muchas cosas.	**Buscador de experiencia** Veo el dinero como un medio para comprar experiencias y servicios que me ayudarán a crecer y desarrollarme.

❏ Identifique su dimensión monetaria primaria usando el siguiente cuadro

MI DIMENSIÓN MONETARIA

CATEGORIA	DESCRIPCIÓN	SÍ O NO
Adquisición	El dinero es algo que vale la pena *juntar* porque me ayuda a «subir de nivel».	
• Seguro [A]	Mi deseo de adquirir es saludable para mí y para otros.	
• Admirable [A+]	Adquiero dinero para mí y para otros de manera inspiradora.	
• Inseguro [A-]/ Insaciable	Siempre hay un nivel mayor de riqueza al que quiero acceder.	
• Inseguro [A-]/ Evasivo	Trato el dinero como una maldición que tengo que juntar, y lo hago de manera que me daña a mí y a otros.	
Uso	El dinero es un *tique* del cual puedo consumir cosas que quiero.	
• Seguro [U]	Mi deseo de consumo es saludable para mí y para otros.	
• Admirable [U+]	Uso el dinero para mí y para otros de manera inspiradora.	
• Inseguro [U-]/ Derrochador	Deseo usar el dinero para gastar más y más.	
• Inseguro [U-]/ Tacaño	Deseo usar el dinero para comparar más y más protección.	
Administración	El dinero es una lista de *cosas que hacer* que debo ir tachando.	
• Seguro [Ad]	Mi deseo de administrar el dinero es saludable para mí y para otros.	
• Admirable [Ad+]	Administro dinero para mí mismo y para otros de manera inspiradora.	
• Inseguro [Ad-]/ Controlador excesivo	Necesito controlar a otros para que mi plan de gastos tenga éxito.	
• Inseguro [Ad-]/ Caótico	Tengo terror de que el dinero dañe mis relaciones, así es que evito por completo hacer planes financieros y de gastos.	

REFLEXIONE SOBRE SU HISTORIA MONETARIA

❏ Genere un genograma para diagramar su origen familiar (ver el ejemplo en la página 104).

1. Especifique la dimensión primaria de cada pariente.

2. Agregue un signo positivo si experimentó una versión saludable de esa dimensión y un signo negativo si experimentó una versión no saludable.

❏ Escriba una autobiografía monetaria que registre momentos memorables que influyeron en lo que piensa y siente en relación con el dinero.

1. Comience con su recuerdo más antiguo sobre el dinero.

2. Enfóquese en los momentos en que un excedente o la falta de dinero fue una parte significativa de buenos o malos momentos.

TERCERA PARTE

CUIDE TODO SU CORAZÓN

Relaciónese responsablemente con el crédito y las deudas

Hoy en día las deudas son como los hijos engendrados
con placer, pero criados con dolor.

ATRIBUIDO A MOLIÈRE

CAPÍTULO 8

LOS DEPREDADORES DEL CRÉDITO

Para él la deuda era el comienzo de la esclavitud. Sentía, incluso, que un acreedor es peor que un amo porque el amo solo es propietario de la persona, pero el acreedor es dueño de su dignidad y puede aplastarla.

VICTOR HUGO, *LOS MISERABLES*

Sandy Hudson se había quedado sin efectivo un día y decidió probar suerte en la agencia local de préstamos. En apenas quince minutos, pagó una tasa de $18 para recibir un préstamo de $100, pero las tarifas adicionales no previstas le hicieron sacar un nuevo préstamo para pagar el préstamo anterior y después de solo seis meses debía $3600 sin esperanza de salir de la trampa en la que se había metido sin saber[46]. La tenían cautiva.

Jesús se preocupa por quienes están prisioneros no solo de su pecado, sino también de sus circunstancias difíciles y sus elecciones financieras equivocadas. Al comienzo de su ministerio público, Jesús proclamó con valentía que estaba cumpliendo las palabras que el profeta Isaías había hablado cientos de años antes: «El Espíritu del Señor está sobre mí, por cuanto me ha ungido para dar buenas nuevas a los pobres; me ha enviado a sanar a los quebrantados de corazón; a pregonar libertad a los cautivos, y vista a los ciegos; a poner en libertad a los oprimidos; a predicar el año agradable del Señor» (Lucas 4:18-19, rvr60).

Es interesante que la frase «el año agradable del Señor» sea una referencia al año bíblico del jubileo, cuando se perdonaban todas las deudas financieras. Aunque Jesús lo eleva para darle el significado de ser liberados de las deudas espirituales, no niega el sentido original. «Cristo nos libertó para que vivamos en libertad» (Gálatas 5:1, NVI). Esa es la manera en que Jesús hace las cosas. Si queremos estar alineados con el corazón de Dios, debemos procurar librar a todos, incluyéndonos a nosotros mismos, de la trampa de los depredadores del crédito.

Cuando se descarrila

Cuando voy de excursión a las montañas, siempre sigo una huella muy marcada, pero una vez una salvia de aroma muy dulce me atrajo fuera del camino. Me detuve a aspirar su fragancia y, luego, cometí la imprudencia de seguir caminando lentamente fuera de la huella. Después de algunos minutos de vagar entre arbustos y flores, levanté la vista y me di de frente con un coyote del tamaño de un ovejero alemán bien alimentado. Por suerte, solo me hizo un «saludo de lobo» y siguió su camino.

Cuando se trata de nuestra vida financiera, también hay un *sendero de crédito* claramente marcado al que debemos ajustarnos. Es un sendero muy simple: *evite pedir prestado a personas que quieren hacerle daño*. Lamentablemente, es muy común aspirar la dulce fragancia del «dinero fácil», salirse del sendero y pedir un préstamo a los depredadores del crédito que pueden hacernos daño.

Según el Banco de la Reserva Federal de los Estados Unidos de América, solo el 37% de los estadounidenses podrían reunir $400 sin pedir un préstamo ni vender alguna cosa[47]. Así que, sacamos un préstamo y nos devoran los intereses. La forma más peligrosa de salirnos del sendero del crédito es sacar un préstamo de las *agencias de crédito* o de las *empresas de servicio financiero*. Considere las siguientes estadísticas recientes:

- Doce millones de estadounidenses sacan préstamos de agencias de crédito y uno de cada cinco no lo puede devolver[48].

- El 56% de las cuentas de tarjeta de crédito activas tiene balances impagos, con un alarmante promedio de $7279[49].

Préstamos hasta el día de pago depredadores

Los prestamistas de anticipos hasta el día de pago son claramente depredadores. Cobran el 1000% de interés con la esperanza de que usted tenga que pedir un nuevo préstamo para pagar el primero. Su población ha crecido tanto que ¡ahora hay más prestamistas de anticipos hasta el día de pago que sucursales de McDonald! Como señaló el comediante británico John Oliver: «¡Pensaba que no había más de ninguna cosa que sucursales de McDonald en los Estados Unidos!»[50].

Cada año, 12.000.000 de prestatarios sacan anticipos hasta el día de pago, con un promedio de ocho préstamos de $375 cada uno y terminan pagando $520 de interés[51]. A los préstamos hasta el día de pago se les hace propaganda diciendo que son líneas de crédito de corto plazo, las cuales suelen extenderse hasta dos semanas para ayudar a sostener a los consumidores hasta su próximo cobro de salario. La mayoría de las veces se usan esos préstamos para cubrir cosas esenciales como comida, servicios o alquiler[52]. Pero, aunque $375 parece un monto insignificante de préstamo, más del 80% de los préstamos hasta el día de pago se renuevan antes del mes, de modo que ese préstamo pequeño con rapidez se convierte en un gran préstamo[53].

Por ejemplo, supongamos que toma un préstamo de $200 para un período de catorce días. Si el prestamista cobra $40, usted pensará que es razonable porque podrá pagar la cuenta de los servicios o las provisiones. Cuando se miran los números, sin embargo, la situación puede escaparse de las manos con facilidad. El cargo de $40 equivale a una tasa de interés del 20% por el *período* o a una tasa de interés *anual* de 520%. Considerando que la mayoría de las tarjetas de crédito cobran menos del 20% anual, esto ya debería hacerlo dudar.

Los préstamos de anticipo hasta el día de pago son un claro ejemplo de *usura*, lo cual significa que el prestamista cobra un interés excesivo a una población financieramente vulnerable.

La situación es mucho peor de la que imagina. Considere la estadística anterior de que el 80% de los préstamos hasta el día de pago se renuevan antes del mes. Esto significa que, para la mayoría de los prestatarios, el interés de su anterior préstamo pasa a ser parte de su nuevo préstamo (interés sobre intereses acumulados), lo cual, lamentablemente, crece exponencialmente. Para su préstamo de $200, si sigue sacando un nuevo préstamo para cubrir el préstamo anterior, terminará debiendo $22.900 ¡después de solo un año! Eso equivale a una tasa de interés anual del 11.000% + la tasa de interés anual. Aunque puede parecer que estoy exagerando, esta es la realidad. Considere el trágico ejemplo de la vida real de Naya Nurks, una madre jefa de familia que vivía en St. Louis, cuyo préstamo de $1000 con rapidez se convirtió en una deuda de $40.000[54].

Los préstamos actuales de anticipo hasta el día de pago son un claro ejemplo de *usura*, lo cual significa que el prestamista cobra un interés excesivo a una población financieramente vulnerable. La usura ha sido condenada universalmente por todas las grandes religiones y culturas desde la invención del sistema bancario[55]. Martín Lutero, cuando presenciaba este enredo en que se metía a los pobres, dijo: «La usura vive del cuerpo de los pobres»[56]. La Biblia desalienta continuamente el cobro de intereses entre aquellos que son vulnerables económicamente: «Si prestas dinero a cualquiera de mi pueblo que pase necesidad, no le cobres interés como acostumbran hacer los prestamistas» (Éxodo 22:25). El Corán habla de este tema en detalle, diciendo que «quienes devoran usura no resucitarán. [...] Dios elimina la usura» (2:275-80)[57]. (El mercado financiero islámico de $4.200.000.000.000 está construido sobre la prohibición de la usura)[58].

Alternativas a los préstamos hasta el día de pago

Si se encuentra necesitando dinero ahora y se ve tentado a acudir a la agencia de préstamos hasta el día de pago que está al otro lado de la calle, piense primero en algunos de los siguientes métodos menos dañinos para obtener dinero en efectivo.

La mejor alternativa: fondo personal para emergencias

Tener suficientes ahorros en efectivo eliminará casi todas las crisis de corto plazo. Le permite hacerse a sí mismo un préstamo sin intereses, sin ningún límite estricto para la devolución. Todo funciona bien ¡porque usted es amable y generoso consigo mismo! Sencillamente, multiplique su tasa de proyección (ver capítulo 5) por el número de meses para los que quiere ahorrar (entre tres y seis meses es lo más común).

La negociación

Llame a su empresa de servicio público o de crédito para preguntar si hay alguna medida de extensión de plazos para pagar. En general, están dispuestos a acordar con usted en lugar de tener que derivarlo a una empresa de cobros.

Préstamo con empeño

En un préstamo con empeño se ofrece algo de valor como garantía. Si usted no puede devolver al prestamista, este sencillamente se queda con el objeto empeñado y usted no debe nada.

Préstamos en cooperativas de crédito

Las cooperativas de crédito, por lo general, trabajan con gente que tiene historias crediticias pobres, permitiéndoles obtener hasta $1000 en préstamo por seis meses a tasas muy bajas.

Tarjetas de crédito

No son lo ideal, pero por lo menos al usar una tarjeta de crédito su tasa de interés será de entre 12% y 25% en lugar de 1000%.

Adelanto del empleador

Algunos empleadores ofrecen préstamos de corto plazo para sortear la brecha entre ahora y su próximo cobro.

Préstamos 401(k) y 403(b)

En los Estados Unidos es posible tomar un préstamo de la cuenta para la jubilación financiada por su empleador. Las tasas son más bajas que en cualquier otro lugar, pero no siempre es una buena idea usar este tipo de préstamo porque se está echando mano de dinero destinado a un futuro lejano, cuando es probable que sea en aquel momento todavía más vulnerable financieramente de lo que es ahora.

Préstamos de la familia o los amigos

Recibir un préstamo de la familia o los amigos puede o no ser una buena idea. Considérelo una opción de una sola vez y ofrezca pagar intereses (¡pero no del 1000%!).

El caballo de Troya de las tarjetas de crédito

Las *compañías de tarjetas de crédito* son todavía más astutas que los prestamistas de anticipos hasta el día de pago porque *no parecen* depredadores. Una compañía de tarjetas de crédito usa un plan diabólico de tres pasos para devorar sus finanzas: (1) encandilar, (2) enganchar y (3) dominar y someter. Estas etapas son un paralelo de la forma en que los antiguos griegos ofrecieron el regalo de un caballo de madera para engañar a los troyanos y asegurarse la victoria sobre la ciudad.

Paso 1: encandilar con beneficios

En el primer paso, las tarjetas de crédito se muestran como una manera de comprar cosas sin necesidad de usar efectivo. Más que eso, si tan solo usamos nuestra tarjeta de crédito en lugar de efectivo, ¡obtendremos electrodomésticos por puntos, millas gratis para pasajes aéreos o alquiler gratis de automóviles (etcétera)! Este primer paso nos encandila como chispas explosivas y brillantes que iluminan el cielo oscuro cada vez que pasamos la tarjeta. La mayoría de la gente que comienza a usar una tarjeta de crédito la ve simplemente como un medio de intercambio que, con toda seguridad, saldará a fin de mes.

Paso 2: enganchar con dopamina

Después de que hemos sido encandilados, quedamos enganchados para usar el caballo de Troya y aceptarlo en nuestra casa. Los estudios han demostrado que, como las tarjetas de crédito nos permiten atrasar las consecuencias de nuestros gastos, quitan una barrera fundamental a nuestra tendencia a gastar[59]. Esto es cierto incluso si saldamos nuestra tarjeta a fin de mes. Dicho de otra manera, las tarjetas de crédito engañan a nuestro cerebro para que gastemos más porque podemos retrasar el pago hasta el final del ciclo de facturación. Esto envía una recompensa llamada dopamina a nuestro cerebro y el resultado es que sentimos entusiasmo cuando compramos.

Usar efectivo es diferente. Cuando pago en efectivo hay cierto dolor en cada compra. Detesto contar el dinero y entregárselo al cajero. ¡También detesto recibir monedas de vuelto! Si compramos usando efectivo, experimentamos de inmediato las consecuencias de nuestra compra. Por ese motivo, los estudios muestran que si se usa dinero para las compras, se gasta un 30% menos[60].

Cuando vi por primera vez esta estadística, no creía que en mi caso esto fuera cierto, de modo que decidí experimentar usando solo efectivo para mis compras de comida rápida. Puse $40 en mi sobre de «comida rápida» para el mes y, luego, fui a Panera a comprar un refresco Mountain Dew. Cuando la caja registradora marcó $2,80, fue la primera vez que observé el precio de mi bebida. Comprendí que era más caro que un refresco en Taco Bell, de modo que aborté la compra, caminé hasta el Taco Bell del otro lado de la calle y gasté $1,98 por mi bebida. En ese momento confirmé esos estudios porque ¡había gastado un 30% menos!

Desde que sé que esa estadística del 30% menos vale para mí, he intentado comprar todo «al contado», pero la logística de guardar efectivo en sobres y andar con monedas en nuestra cultura prácticamente sin efectivo lo hizo muy difícil. En lugar de eso, mi familia usa sobres digitales para ayudarnos a contener nuestros gastos (ver capítulo 5), pero los estudiantes me han dicho que cuando estaban en una crisis financiera, mantenerse con todo al contado los ayudó a capear la tormenta.

Paso 3: dominación con el pago mínimo

Habiendo sido encandilados y enganchados con la sensación placentera de la dopamina, las compañías de tarjetas de crédito emplean el último paso de su plan sacando provecho de una imperfección del cerebro humano conocida como *efecto anclaje*. Esto quiere decir que nuestra mente se ancla a la información que recibe primero. Las compañías de tarjetas de crédito se aseguran de que veamos un número de aspecto muy atractivo conocido como *pago mínimo*, sabiendo que nos anclaremos en eso (por ejemplo, $15). Una vez que lo hacemos, es demasiado fuerte para nuestro cerebro ajustarse al balance completo mayor, de manera que por instinto evitamos pensar en eso. El resultado final es que, aunque la mayoría de la gente nunca tiene la intención de usar la tarjeta de crédito para gastar dinero prestado, solo el 35% de los usuarios salda su cuenta completa[61].

Como secuela de repetidas dosis de dopamina, nuestra mente queda obnubilada y menos perceptiva. En este punto, estamos anclados a un pago reducido, sometidos con facilidad y llevados a un «sueño crediticio». Cuando finalmente despertamos, ya somos incapaces de frenar a las compañías de tarjetas de crédito que aprovechan nuestro precioso salario para su propio beneficio. En ese sentido, son como astutos castores que construyen represas tan intrincadas en nuestras vidas que no podemos hacer otra cosa que observar impotentes cómo el ingreso que Dios nos dé para administrar *a nosotros* es redirigido hacia los hogares *de ellos*.

Cuando no cancelamos nuestra cuenta a fin de mes, comenzamos oficialmente a usar dinero prestado de la compañía de tarjetas de crédito. Aunque ofrecen una alternativa un poco mejor que las agencias que prestan hasta el día de pago, las compañías de tarjetas de crédito son prestamistas horribles. Buscan *dominarnos* mediante tasas de interés alto y muchas cuotas. Si usted abona solo el pago mensual mínimo de $76 de un saldo de $6000, con un interés anual del 15%, le llevará unos 29 años saldar su deuda. Al final, pagará más de $20.000 de intereses (recuerde, el interés sobre los intereses acumulados tiene un crecimiento exponencial).

Dados estos peligros, ¿significa que jamás debe usar una tarjeta de crédito? Creo que usar la tarjeta es un asunto de sentido común. Si usted descubre que la está usando como dinero prestado, debería saldar su cuenta y luego destruirla.

Las tarjetas de débito son una buena alternativa a las tarjetas de crédito, ya que solo actúan como un medio de intercambio sin dar la oportunidad de sacar dinero prestado.

Por otro lado, si logra usar las tarjetas de crédito sencillamente para ganar puntos y construir un buen puntaje crediticio (ver el próximo capítulo), entonces supongo que debe mantenerlas. Aunque la naturaleza misma de una tarjeta de crédito es insensibilizarlo respecto del gasto, un hábito diario de observar y hacer un seguimiento dentro del marco de un plan de gastos (capítulos 4 y 5) debería actuar como una valla de contención que ayude a ponerle freno a ese problema. Manejarse al contado también es una solución, pero, como mencioné recientemente, esta solución es una de las más difíciles de sostener.

Un posible punto medio entre los sobres digitales y físicos es combinar una cuenta de ahorros, una aplicación para el teléfono móvil y la tarjeta de débito juntos bajo un mismo servidor. Esta tarjeta de débito especial no le permite hacer compras desde su cuenta de ahorros hasta que designe qué sobre digital se usará para determinado desembolso (usando la aplicación del teléfono). *Qube Money* es un ejemplo de compañía que provee este tipo de producto híbrido para mantener el control del dinero.

Mi regla general es que destruiré mi tarjeta de crédito si alguna vez llego a un punto donde me carguen intereses o cargos más de dos veces al año, lo cual indicaría que no soy lo suficientemente responsable como para usar una tarjeta de crédito y que estoy cayendo en su trampa. Simplemente pasaría a usar una tarjeta de débito, lo cual no me permite pedir dinero prestado. Las tarjetas de débito son una buena alternativa a las tarjetas de crédito ya que solo actúan como un medio de intercambio sin dar la oportunidad de sacar dinero prestado. Pero esté en guardia porque siguen alentando el gasto, ya que usted «pasa la tarjeta y compra» sin ver en realidad cómo se va su dinero.

Cómo elegir una buena tarjeta de crédito

Usando una tarjeta de crédito, yo disfruto de recibir cientos de dólares en efectivo cada año. Pero también uso mi tarjeta con mucho temor de lo que me puede generar. De manera que nunca bajo la guardia. Como acabo de mencionar, la destruiré de inmediato si en algún momento me encuentro sin poder pagar el saldo a fin de mes.

Si usted está en una situación en que puede ser responsable en el uso de una tarjeta de crédito, considere el siguiente criterio fundamental para evaluar su elección. En lo personal, no me preocupo por la APR (tasa de porcentaje anual) de mi tarjeta de crédito ya que *jamás* tengo pensado sacar dinero prestado de mi tarjeta. Tampoco me preocupa si tiene protección de compra, ya que puedo usar mi seguro de propietario para cubrir la propiedad personal perdida (quienes no son propietarios de su casa pueden conseguir seguros para casas alquiladas a un precio relativamente económico que también cubrirá su propiedad personal).

APR favorable

Si es bajo, mejor, pero no es importante si no va a usar la tarjeta para obtener dinero prestado.

Cuota anual

Cuanto mejores sean los beneficios es más probable que usted pague la cuota anual. En general, una cuota anual vale la pena si sus beneficios exceden por lejos a la cuota.

Tarifa de transacción extranjera

Es mucho mejor elegir una tarjeta que no cobre esta tarifa cada vez que la use fuera de los Estados Unidos.

Buenos beneficios

Por lo general, se trata de una elección entre devolución en efectivo o puntos para viajes.

Ninguna responsabilidad por fraude

La mayoría de las tarjetas tienen esa característica, la cual asegura que no tendrá que pagar ningún cobro desautorizado.

Protección de compras

Es como un seguro a corto plazo para proteger de robo o daño sobre las compras recientes (por lo general dentro de los noventa días). Es una cobertura secundaria que solo funciona si no tiene un seguro de propietario o de arrendatario.

¿QUÉ PASA SI SE LE NIEGA UNA TARJETA DE CRÉDITO?

- Pídale a un miembro de la familia o a un amigo que lo haga *usuario autorizado* de su cuenta de tarjeta de crédito. Por supuesto, solo puede hacer ese pedido si hay mucha confianza entre ustedes.
- Si está estudiando, intente obtener *una tarjeta de crédito de estudiante* del banco de sus padres.
- Considere las *tarjetas de crédito que construyen crédito*. Por lo general, es más fácil calificar para ellas, pero tienen diferentes medidas para su aprobación, como tener un historial de banco mínimo de tres años.
- Busque en línea o pregúntele a su banco por una *tarjeta de crédito asegurada*, la cual le permite poner un depósito de seguridad que le será devuelto después de usar responsablemente su tarjeta por un cierto período de tiempo.
- Si se le niega una tarjeta asegurada, intente postularse para un *préstamo generador de crédito* en una cooperativa local de crédito. Usted contribuye con montos regulares de efectivo que con el tiempo se le devuelven a través de una cuenta de ahorro. Una vez que se completa el préstamo, la cooperativa de crédito utilizará el saldo total de su cuenta de ahorro como depósito de seguridad para una tarjeta de crédito asegurada.
- Ver *WholeHeartFinances.com/spanish/#home* (Apéndice, capítulo 8) para sugerencias de recursos en línea.

EJERCICIOS DE TODO CORAZÓN

¿DÓNDE ESTÁ USTED AHORA?

(MARQUE CUALQUIER AFIRMACIÓN QUE CORRESPONDA).

En relación con las tarjetas de crédito, yo...

❏ Estoy expuesto.

» Pago las cuentas y los intereses de mis tarjetas de crédito cuando ya están vencidos.

» No tengo idea del precio de las cosas.

» Me resulta difícil resistir el impulso de comprar.

❏ Estoy protegido.

» Nunca pago cargos por intereses ni vencimientos de mis tarjetas.

» Siempre analizo con mis seres queridos todas las compras grandes antes de decidir hacerlas.

» Uso dinero que ya he destinado para cada compra.

¿Cuán protegido está de los peligros de las tarjetas de crédito?

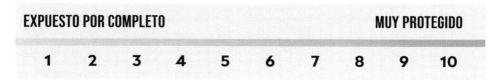

EXPUESTO POR COMPLETO								MUY PROTEGIDO	
1	2	3	4	5	6	7	8	9	10

CUIDE TODO SU CORAZÓN

Tarjetas de crédito

❏ Marque cualquier afirmación que corresponda.

» No tengo una tarjeta de crédito.

» Tengo una tarjeta de crédito, pero jamás he pagado cargos o intereses por vencimiento.

» Tengo una tarjeta de crédito y he pagado cargos por vencimiento dos veces en los últimos doce meses.

» Tengo una tarjeta de crédito y en los últimos doce meses no he pagado el total del saldo.

❑ Si he marcado alguna de las dos últimas afirmaciones, dejaré de usar mi tarjeta de crédito.

*Si tiene interés en comprar una tarjeta de crédito, mire el apéndice para encontrar sitios útiles en línea.

Fondo de emergencia

❑ Calcule el monto de su fondo de emergencia ideal para cubrir los gastos de tres a seis meses.

CÁLCULO	RANGO IDEAL DE FONDO DE EMERGENCIA
[Tasa mensual proyectada [ver capítulo 5]] × 3 =	$_____
[Tasa mensual proyectada] × 6 =	$_____

❑ Marque cualquier afirmación que corresponda.

» Tengo menos de $400 de fondo de emergencia para ayudarme a evitar una futura deuda.

» Por lo menos tengo $400 de fondo de emergencia para ayudarme a evitar una futura deuda.

» Tengo menos efectivo de emergencia de lo necesario para cubrir mis gastos por tres a seis meses.

» Tengo efectivo de emergencia para cubrir mis gastos por, al menos, tres a seis meses.

❑ Si marcó cualquier afirmación que dice «menos de», escriba un plan para comenzar a construir un fondo de emergencia.

_____

_____

CAPÍTULO 9
EL CLUB DE LOS 800

Más vale el buen nombre que las muchas riquezas;
y el ser apreciado más que la plata y el oro.

PROVERBIOS 22:1, RVA-2015

Mi hermano menor, John, una vez compitió para ser reconocido como el mejor símbolo del espíritu de su escuela entre sus compañeros del último curso. Para el aspecto de talento, John me pidió que lo acompañara en la presentación de una rutina de nado sincronizado. Mientras realizábamos la presentación cómica, escondidas detrás de un póster que simulaba un espejo de agua, mi madre y mi hermana nos arrojaban agua a la cara a la vez que nosotros nos tapábamos la nariz. ¡Tuvo mucho éxito! De hecho, después de la competencia, nuestra reputación nos precedía cuando andábamos por el pueblo. Durante años mi hermano y yo recibíamos comentarios como: «¿No son ustedes los muchachos del nado sincronizado?» y «¡Me hicieron llorar de la risa!»

Así como nos precedía la reputación del nado sincronizado a mi hermano y a mí, la reputación crediticia de una persona también la precede. Y, aunque Jesús no dependía de los pensamientos y las opiniones de la gente sobre él (Juan 2:24-25), sus discípulos sí insistieron en que debemos tener en cuenta la forma en que nuestra reputación nos precede:

> *Procuren llevar una vida ejemplar entre sus vecinos no creyentes. Así,*
> *por más que ellos los acusen de actuar mal, verán que ustedes tienen una*
> *conducta honorable y le darán honra a Dios cuando él juzgue al mundo.*
>
> 1 PEDRO 2:12

[Un líder de iglesia] debe gozar también de una buena reputación entre los de afuera de la iglesia, para que no caiga en descrédito y en el lazo del diablo.

1 TIMOTEO 3:7, LBLA

Dios nos llama a ser sus vicegerentes, lo que es básicamente otra manera de decir que espera que representemos sus intereses en la tierra. Aunque está bien que el mundo nos odie por nuestro amor a Jesús, no está bien que el mundo nos odie por ser deshonestos o descuidados con el dinero. Jesús dijo: «Si no son fieles con las cosas de otras personas, ¿por qué se les debería confiar lo que es de ustedes?» (Lucas 16:12).

Su informe crediticio

En el mundo de las finanzas, nuestra reputación crediticia va delante de nosotros tanto si pedimos dinero prestado o no. En este momento, usted puede o no tener un *informe crediticio personal*, el cual se genera cuando se involucra ya sea en obtener un crédito con la posibilidad potencial de pedir un préstamo de dinero o que le extiendan un servicio antes de pagar por el mismo (por ejemplo, el dentista, un alquiler o un servicio público). Le muestra al mundo cuán fiable ha sido usted cuando otros han puesto su confianza en que lo devolvería. No tener un informe crediticio personal significa que es *crediticiamente invisible*, es como un extraño para cualquier banco o arrendador con los que intente negociar, cosa que en general va en su contra.

Un informe crediticio tiene otros datos además del préstamo de dinero. También muestra si usted ha pagado su alquiler, su cuenta médica y las boletas de los servicios públicos en tiempo y forma. Cada vez que pide un préstamo o inicia una cuenta donde alguien espera que usted salde esa cuenta, es probable que la compañía que extiende ese tipo de crédito le entregue su información crediticia personal a una central de información crediticia.

Una central de información crediticia recibe su información personal de los acreedores y los compila en un informe crediticio al que cualquiera puede acceder si quiere conocer su perfil crediticio. Arrendatarios, empleadores, profesionales médicos y prestadores están habilitados para hacerlo si usted los autoriza. En los Estados Unidos, en la actualidad, hay tres *agencias de información crediticia:* Equifax, Experian y TransUnion. Comenzaron sirviendo en áreas geográficas específicas y, con el tiempo, se volvieron nacionales. Aunque cualquiera de ellas puede generar su informe crediticio de manera levemente diferente, todas deberían tener la misma información crediticia importante acerca de usted.

Todos comenzamos siendo crediticiamente invisibles para esas agencias. La manera más común en que una persona se vuelve *crediticiamente visible* es cuando abre una cuenta para obtener un préstamo de una compañía de tarjetas de crédito o proveedor de créditos para estudiantes[62]. Incluso si no necesita dinero prestado, es importante que sea crediticiamente visible, que abra una cuenta en una compañía de crédito o cuente con facturas de servicios públicos. Esto es importante por dos motivos: primero, los arrendatarios y proveedores de servicios quieren saber si pueden confiar en que usted les pagará a tiempo. Si carecen de un informe crediticio, le dificultarán la posibilidad de obtener su servicio. Segundo, cuando se establece un registro saludable de haber recibido créditos y nunca haberlos usado, crea un fundamento sólido para obtener un préstamo con el costo más bajo en caso de que necesite pedir prestado dinero en el futuro para una casa o para los aranceles de una institución educativa.

Pasos para un crédito excelente

Como mínimo, tener una *buena* reputación crediticia significa que paga sus cuentas a tiempo, pero, si se detiene ahí, perderá una oportunidad importante. El paso clave para tener una reputación crediticia que lo preceda en todas partes es construir su crédito de tal manera que sea considerado *excelente*. En el mundo crediticio, esto se refiere a un puntaje crediticio en el orden de los 800. Quienes lo logran entran al *Club de los 800*.

Las instituciones financieras a menudo pagan a las agencias de información crediticia para que determinen el puntaje crediticio de una persona usando algoritmos. Los puntajes crediticios van típicamente de 500 a 800. El puntaje más popular proviene de la Fair Isaac Corporation, la cual genera un «puntaje FICO» para cualquiera que es crediticiamente visible. Si nunca ha pedido dinero prestado ni abierto una cuenta de crédito, pero es crediticiamente visible por haber alquilado un departamento o utilizado un servicio público, es probable que mantenga un puntaje crediticio promedio de 600 puntos. Sin embargo, tener un puntaje de 800 muestra que tiene una comprensión sofisticada del funcionamiento del mercado financiero. También tiene muchos beneficios adicionales:

- **Prioridad en el sector inmobiliario:** cuando la competencia se pone difícil, los arrendatarios y comerciantes a menudo usan una averiguación crediticia como una manera de priorizar en la fila. En muchas ocasiones un arrendatario me ha pasado al frente de la fila después de averiguar mi informe crediticio. Si tiene una reputación promedio, es probable que quede en el medio de la fila.

- **Hipotecas más bajas:** la diferencia en los costos de las hipotecas entre un puntaje crediticio promedio y uno excelente puede ser más de *$58.000 de intereses* sobre un préstamo de $400.000[63]. ¡El ahorro es significativo!

- **Mejores beneficios por la tarjeta de crédito:** un puntaje crediticio excelente le dará acceso a mejores beneficios con las tarjetas de crédito incluyendo más descuentos, más millas para vuelos, acceso a los salones de los aeropuertos, servicios de trasmisión en directo libres en línea, entradas más baratas a los conciertos y hasta tazas y camisetas gratis.

Los árboles de aguacates abundan en mi vecindario y, dado que los negocios suelen cobrar más de un dólar por aguacate, ¡pueden representar lo más parecido al dinero que crece de una planta! Me quedé estupefacto cuando un nuevo vecino se mudó a una casa del barrio que tenía un árbol de aguacate bien crecido y lo cortó de inmediato. Fue una gran pérdida porque a ese árbol le había llevado décadas desarrollarse. De igual manera, su árbol crediticio es una inversión que le proveerá servicios (sombra) y beneficios (fruta) toda su vida, incluso cuando nunca tenga que pedir dinero prestado (cortar su árbol para leña). Debe pensar en su crédito como un árbol que planta, crece y nunca se corta. A continuación, hay tres pasos que lo ayudarán a convertirse en integrante del Club de los 800.

Paso 1: establezca una larga historia crediticia

Cuanto más larga sea su historia, más probable es que su puntaje crediticio crezca. Si en la actualidad es crediticiamente invisible, abra una nueva tarjeta de crédito, utilice menos de 8% de su crédito disponible (ver paso 2) y pague su saldo completo al fin de cada mes. Esto iniciará su reloj de historia crediticia. Si se le niega una tarjeta de crédito, ver los pasos en el capítulo 8 que indican cómo puede calificar para una. La manera más fácil es convertirse en un usuario autorizado en la cuenta de otra persona.

Paso 2: obtenga mucho crédito disponible, pero no lo utilice

Asegúrese de nunca usar más del 8% del crédito disponible de su tarjeta y siempre pague el saldo completo a fin de mes. Por ejemplo, si tiene una tarjeta que provee $5000 de crédito cada mes, asegúrese de nunca usar su tarjeta por más de $400 de compras al mes. Eso vale incluso si paga el saldo completo a fin de mes. La *utilización del crédito* consiste simplemente en tener un equilibrio durante el mes, no en tener un saldo de $0 a fin de mes. Si está utilizando más del 8% de sus tarjetas de crédito, su puntaje crediticio no será excelente, pero usar entre el 10% y el 30% lo dejará en el nivel de un buen puntaje crediticio de 700. Si quiere mejorar la utilización de su crédito (es decir, no utilizar más del 8% de su crédito disponible) necesitará:

- Usar menos su tarjeta de crédito (pase a débito o a efectivo).

- Firmar una solicitud para pagar su crédito dos veces por mes. Esto bajará el monto total que usa del crédito.

- Pedir a las compañías de sus tarjetas de crédito que suban el límite de su tarjeta (hasta dos veces por año).

Paso 3: abra de a poco un nuevo crédito

Asegúrese de no abrir más de una nueva cuenta de crédito por vez. Demasiadas solicitudes de nuevos créditos bajan temporariamente su puntaje crediticio. Abrir una nueva cuenta de crédito o, incluso, que los prestamistas procesen su solicitud de nuevo crédito (lo que se conoce como verificación dura) aparecerá en su informe crediticio y bajará su puntaje crediticio entre unos meses y un año.

Además, cuando aumenta su límite de crédito como fue sugerido en el paso 2, es posible que se vea como un crédito nuevo, por eso no aumente continuamente el límite de su crédito si eso va a bajar su puntaje crediticio (eso, por lo general, ocurre con quienes tienen un puntaje por debajo del promedio). Sin embargo, cualquier daño que un nuevo crédito le haga a su puntaje crediticio solo será provisorio. Si va subiendo poco a poco su crédito disponible a lo largo del tiempo y nunca lo usa, su puntaje finalmente se elevará.

Observe que estos tres pasos se aplican solo a la administración de las tarjetas de crédito. Otros tipos de crédito (hipotecas, préstamos estudiantiles y préstamos para vehículos) impactan de manera diferente en su puntaje crediticio. Aunque el análisis de cómo impactan esos préstamos en su crédito está fuera del alcance de este libro, un buen principio guía es tener un temor saludable a pedir cualquier préstamo de cualquier prestamista y procurar devolver cualquier tipo de préstamo lo antes posible (veremos más sobre este principio en el próximo capítulo).

Un delito perturbador

Lamentablemente, es posible hacer todo de manera correcta en relación con el crédito y, aun así, seguir teniendo un puntaje crediticio bajo. ¿El motivo? Incluso si nos mantenemos en el camino correcto y establecemos una gran línea crediticia usando poco del crédito disponible (*baja utilización crediticia*), alguien puede robar nuestra identidad y destruir nuestro precioso crédito. Esto se llama *robo de identidad*.

Una de las películas más perturbadoras que he visto es *El talento de Mr. Ripley*, basada en la novela del mismo título de 1955. Tom Ripley se vuelve envidioso de su amigo rico y, finalmente, lo asesina y le roba la identidad. Quizás piense que lo que más me perturba es el asesinato, pero no. Me perturba más ver a Tom Ripley pavonearse tratando de consumir el antiguo estilo de vida de su amigo.

Mi identidad dada por Dios es un valor muy precioso, por eso me resulta profundamente perturbador ver identidades robadas. Yo mismo he sido víctima de robo de identidad dos veces. Ambas fueron situaciones menores, pero lo mismo me asustaron. Cuando estaba en el último año de la universidad, abrí una cuenta corriente y pocas semanas después noté tres cargos de $40 por cheques rebotados. Yo no había firmado cheques recientemente, por lo que estaba desconcertado. Más adelante descubrí que alguien había encontrado algunos «cheques de principiante» que yo había arrojado a la basura cuando recibí del banco la chequera definitiva. El reintegro de los pagos me llevó algunos meses (esto me enseñó tempranamente que todo documento financiero debe ser triturado antes de ser arrojado al contenedor).

Más recientemente, después de una llamada de mi empleador preguntándome si yo había solicitado los beneficios para desempleados, descubrí que mi número de seguro social había sido robado. Tal como en el primer caso, me sentí profundamente violado cuando supe que alguien estaba tratando de usar mi identidad para provecho personal.

Ya no más *si*, sino cuándo *cuando*

Se dice que la gran pregunta en relación con el robo de identidad ya no es *si* alguna vez será víctima, sino *cuándo* lo será. Con 15.000.000 de víctimas por año[64], el robo de identidades es uno de los delitos de mayor crecimiento en los Estados Unidos. Durante un período reciente de tres años, las quejas por ciberdelitos crecieron en un 71% (de 467.361 a 800.944). Las pérdidas por esa queja se dispararon de $3.500.000.000 a $10.300.000.000[65].

CINCO PRINCIPALES TIPOS DE ROBO DE IDENTIDAD[66]

TIPOS	NÚMEROS DE AVISOS	% DEL TOTAL
1. Tarjetas de crédito (apertura de cuentas nuevas)	409,981	44%
2. Diversos	263,419	28%
3. Fraude bancario (cuentas nuevas)	110,513	12%
4. Fraude impositivo	78,588	8%
5. Préstamos personales/negocios	76,020	8%
Total	938,521	100%

Aunque el robo de identidades puede parecer un problema de los «adultos», mucha gente no comprende que los jóvenes y los niños son un blanco fácil. Del millón de robos de identidades a niños del último año, el 50% involucran a niños menores de seis años[67]. Si un niño tiene un número de seguridad social, ya es una víctima potencial.

Una amiga me contó que cuando decidió revisar su crédito de estudiante universitaria, pensó que ni siquiera tendría un informe crediticio (es decir, sería crediticiamente invisible) porque jamás había usado su crédito. Para su sorpresa, tenía uno: ¡y de más de treinta páginas! Alguien había robado su identidad cuando ella tenía diez años; habían estado abriendo cuentas y dejando facturas impagas en su nombre durante muchos años. A mi amiga le llevó más de tres años limpiar su informe.

Otras víctimas comunes de robo de identidad son los ancianos y los militares. De todos los grupos etarios, los ancianos son los que más han perdido. Los integrantes del ejército son un blanco importante porque a menudo están movilizados fuera del país por períodos largos. Por otro lado, cuanto más activo es usted en los medios de comunicación social, más probable es que sea víctima. Los usuarios activos de Instagram, Facebook y Snapchat tienen un riesgo mayor del 46%[68]. Para manejar esos riesgos, permítame sugerirle que tome una o dos de estas importantes medidas.

1. *Monitoree su informe crediticio*

Un buen primer paso es monitorear con regularidad su informe crediticio para ver si hay actividad que no reconoce. Después de acceder en línea sin costo a su informe crediticio (ver WholeHeartFinances.com/spanish/#home [Apéndice, capítulo 9] para saber cómo hacerlo), asegúrese de que la información sea correcta, incluyendo domicilios, números de cuenta, indagaciones sobre su crédito y registros de pagos. Si hay alguna actividad que no reconoce, póngase de inmediato en movimiento para limpiar su informe trabajando con las tres agencias de informes crediticios (ver los ejercicios para más detalles).

En la actualidad, puede mirar su informe crediticio sin costo una vez por semana; yo recomiendo una frecuencia de una vez cada seis meses. Es mejor revisar los tres informes a la vez. Cada una de las tres agencias de información crediticia debe tener básicamente la misma información, pero en ocasiones alguna puede tener información única.

Muchas veces, mis estudiantes dudan de consultar su informe crediticio porque les han enseñado a nunca compartir su número de seguridad social. Esta regla, aunque era apropiada antes de la era moderna de tecnología financiera, ya no es viable. Hay muchos ejemplos documentados que muestran que el número de seguridad social fue robado de lugares seguros como bancos, agencias crediticias y la dirección nacional de tránsito (DMV, por su sigla en inglés). Esto significa que es probable que nuestros números de seguridad social ya estén «ahí afuera» aunque nunca los hayamos compartido con ningún consumidor o sitio financiero en línea.

Personalmente, le pago a una compañía de seguro por robo de identidad $12 al mes para que monitoree activamente mi informe crediticio minuto a minuto. El servicio me avisará si hay algún cambio en mi informe crediticio y también me ayudará a limpiar mi informe si llega a estar comprometido. Podría haberme ahorrado ese dinero y hacer yo exactamente lo que provee ese servicio de seguro, pero decidí pagar la prima porque me ahorra tiempo y esfuerzo. Si hay un cambio en mi informe crediticio, me gusta saberlo al momento. Quiero estar lo más atento posible en este mundo altamente engañoso de falsificaciones y suplantación de identidad en línea.

2. Solicite una alerta de fraudes

Aunque está muy bien detener la actividad fraudulenta ni bien ocurre, es mejor todavía impedir que ocurra. Una manera fácil (y gratuita) de hacer esto es agregar una alerta de fraude a una de las agencias de información crediticia (se aplicará a las tres agencias). Una vez agregada esa alerta, no se pueden abrir cuentas de crédito nuevas hasta que la agencia de crédito confirme con usted que la indagación crediticia es legítima.

Esta alerta de fraude me ha funcionado extraordinariamente en muchas ocasiones. Ya sea que estuviera comprando un teléfono, financiando paneles solares o refinanciando mi hipoteca, tuve que aclarar cada transacción con la agencia de información crediticia donde puse la alerta antes de que se me otorgara un nuevo crédito. Por ejemplo, cuando elegí un plan de cuotas sin intereses para pagar mi nuevo teléfono, el empleado «procesó el crédito» acudiendo a mi informe crediticio (es decir, una indagación crediticia dura). En el proceso, se me informó que no podía completar mi compra porque había una alerta de fraude en mi crédito. Luego recibí una llamada de la agencia de información crediticia, preguntándome si esa compra en cuotas era una actividad fraudulenta. Confirmé que no lo era y salí de allí con mi nuevo teléfono.

Tener activada una alerta de fraude en su informe de crédito es una manera poderosa de asegurar que nadie abrirá una cuenta de crédito a su nombre, pero tenga en cuenta unas pocas observaciones. Primero, la alerta de fraude necesita ser renovada año tras año. Yo me instalé un recordatorio anual recurrente, algo que usted puede hacer también. Segundo, tener una alerta de fraude en su informe de crédito *puede* llegar a impedir que le aprueben una tarjeta de crédito. He descubierto que las compañías de tarjetas de crédito anularán una solicitud si se ven obligadas a superar obstáculos a causa de una alerta de fraude. Es mejor quitar la alerta de fraude cuando solicite una nueva tarjeta de crédito y volver a agregarla después de que se ha abierto la cuenta.

EJERCICIOS DE TODO CORAZÓN

¿DÓNDE ESTÁ USTED AHORA?

(MARQUE CUALQUIER AFIRMACIÓN QUE CORRESPONDA).

En relación con la actividad crediticia, soy...

❏ Negligente.

> » Doy por sentado que no ocurrirá nada malo.

> » Supongo que el crédito no es importante para mí.

> » No veo ninguna amenaza visible para mi crédito.

❏ Atento.

> » Monitoreo activamente mi actividad crediticia en caso de posibles amenazas.

> » Estoy atento a los cambios en mi informe crediticio.

> » Protejo pacientemente mi actividad crediticia.

¿Cuán atento está usted a su actividad crediticia?

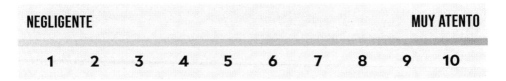

NEGLIGENTE									MUY ATENTO
1	2	3	4	5	6	7	8	9	10

CUIDE SU REPUTACIÓN CREDITICIA

Cuando complete estos ejercicios, visite WholeHeartFinances.com/spanish/#home (Apéndice, capítulo 9) para tener acceso a enlaces en línea útiles.

☐ Monitoree su informe crediticio.

» Descargue su informe crediticio anual gratuito de cualquiera de las tres agencias de información crediticia y hágase las siguientes preguntas.

1. ¿Es correcta toda la información identificatoria?

2. ¿Es correcta toda la información sobre la cuenta de crédito?

3. ¿Reconozco cada «indagación dura» en que alguna empresa ha recurrido a mi informe crediticio?

4. ¿He completado formularios de litigio en las agencias de información crediticia o cualquier empresa que correspondiera?

☐ Planee un futuro monitoreo

SOLICITUD EN TRES FECHAS SEPARADAS		SOLICITUD EN UNA FECHA ÚNICA	
FECHA	**AGENCIA**	**FECHA**	**AGENCIA**
	Equifax		Equifax
	Experian		Experian
	TransUnion		TransUnion

» Averigüe por un seguro de robo de identidad.

» Un seguro de robo de identidad por lo general cuesta entre $10–$20 por mes y provee los siguientes servicios:

● Monitoreo del informe crediticio

● Alertas en tiempo real cada vez que cambia su informe crediticio

● Limpieza de su informe crediticio si alguien lo arruina

❏ Agregue una alerta de fraude. Una alerta de fraude significa que si usted o alguna otra persona intenta solicitar un crédito en su nombre, la agencia que lo extiende lo llamará antes para pedirle una verificación verbal de que está bien abrir esa cuenta de crédito.

1. Llame a Equifax, Experian o TransUnion para poner una alerta de fraude en su cuenta (una alerta en una de las agencias se aplicará a las tres).

2. Agregue a su agenda un recordatorio de renovación anual.

3. Quite la alerta de fraude si está por abrir una nueva cuenta de crédito. De lo contrario, es probable que su solicitud sea denegada.

CAPÍTULO 10

UNA LIBRA DE DEUDA

Las deudas son una gran fuente de infelicidad interior.
ATRIBUIDO A DEBASISH MRIDHA

Una vez viví con un compañero que me confió que, después de graduarse y de pasar cinco años trabajando duro en el inicio de su carrera profesional, su deuda estudiantil solo parecía crecer. Yo nunca tuve préstamos estudiantiles, así que solo podía imaginar lo difícil que sería eso.

Más adelante ese año, recibí más dinero del esperado de una herencia. Al consultarle a Jesús dónde debía ir ese dinero, me entusiasmó la idea de dedicar ese extra a ayudar a mi compañero con su deuda. Le conté mis planes y vi cómo se le aflojaba la tensión de los hombros. Una vez que comprendió que estaría libre de deuda, mi amigo prácticamente se desmoronó del alivio, como si de repente se hubiera liberado de una roca invisible que cargaba en la espalda.

Jesús trata con seriedad la deuda financiera por la dureza con que impacta en nuestras vidas. Eligió comparar el reino de los cielos con un rey que perdona las deudas financieras (Mateo 18:21-35). El apóstol Pablo también eligió usar un lenguaje financiero muy explícito en su carta a la iglesia de Colosas: Dios «os dio vida juntamente con Él, habiéndonos perdonado todos los delitos, habiendo *cancelado el documento de deuda* que consistía en decretos contra nosotros *y* que nos era adverso, y lo ha quitado de en medio, clavándolo en la cruz» (Colosenses 2:13-14, LBLA).

En la obra de Shakespeare, *El mercader de Venecia*, Antonio le pide prestado dinero a Shylock (un prestamista de Venecia). Al igual que Romeo y Julieta, Antonio y Shylock provienen de trasfondos que se odian históricamente.

Shylock concibe un astuto plan para prestarle dinero a Antonio sin cobrarle ningún interés. La trampa es que si la deuda original no se devuelve, Shylock cortará una libra de carne del cuerpo a Antonio.

Lo que más me desagrada de este relato trágico es el descuido de Antonio. Conoce el grave riesgo, pero de igual modo acepta el trato. Con demasiada frecuencia hacemos lo mismo. Cada vez que aparece un prestamista ofreciéndonos «dinero gratis» repetimos las palabras de Antonio: «Contento, en fe, firmo el compromiso»[69]. Luego seguimos adelante, sin darnos cuenta de que hemos puesto nuestro pie por voluntad propia en la trampa de un cazador.

Un asunto serio

Aunque en general es difícil evitar la deuda financiera, una cosa es cierta: siempre deberíamos tratarla con mucha seriedad. El lenguaje que rodea las palabras deuda y préstamo es fuerte por una razón. Si usted está en deuda es como estar «en esclavitud». En el mundo corporativo, un certificado común que establece el monto de deuda de una empresa se llama en el idioma inglés *debenture*, la cual significa «obligación». Esta palabra está relacionada con la expresión *indentured servant* que significa «siervo por obligación» o esclavitud por un período de tiempo. Este certificado de obligación también se conoce en inglés como «*bond*» (atadura), la cual viene de la palabra *bondage* (esclavitud, servidumbre).

En algunas tribus antiguas del norte de África, el incumplimiento de los pagos de un crédito era un acto deshonesto que afectaba a toda la comunidad. El deudor podía ser expulsado, separado de sus vínculos familiares y privado de la protección de la tribu. Los prestamistas en las antiguas India y Nepal eran conocidos por humillar al deudor sentándose en la puerta de su casa y ayunando hasta que se les pagaba la deuda. Si el prestamista moría durante el ayuno, los vecinos golpeaban al deudor hasta la muerte[70]. En muchos sentidos, *El mercader de Venecia* es una metáfora de la forma en que quienes se endeudan corren el riesgo de perder «una libra de carne» en sentido financiero, emocional y espiritual.

Pérdida financiera

Los contratos de deuda a menudo entrampan a la gente con pagos de intereses mucho mayores de los que anticipaban. Durante un período reciente de tres años, los estadounidenses pagaron $120.000.000.000 en intereses de tarjetas de crédito y comisiones bancarias por año[71]. Si a usted le cobran el 15% en intereses por un saldo de $6000 de la tarjeta de crédito y paga solo el mínimo mensual de $76, le llevará veintinueve años pagar su deuda, incluyendo más de $20.000 de intereses.

Pérdida emocional

Una investigación del doctor Galen Buckwalter encontró que el 23% de los adultos y el 36% de los de la generación del milenio experimentan estrés financiero por deudas a niveles que podrían calificar como desorden de estrés postraumático[72]. Otro estudio mostró que una deuda más elevada está asociada a peor salud física[73], y otro la asoció con peor salud mental[74].

Pérdida espiritual

La Biblia advierte a menudo que tener una deuda es lo mismo que admitir otro amo en la vida, el cual reduce nuestra comprensión de la libertad que tenemos en Cristo. Proverbios 22:7 dice: «El rico gobierna al pobre, el que pide prestado es sirviente del que presta» y Romanos 13:8 aconseja: «No deban nada a nadie, excepto el deber de amarse unos a otros. Si aman a su prójimo, cumplen con las exigencias de la ley de Dios».

Después de que los israelitas huyeron de Egipto, Dios les dio el día de descanso como recordatorio de que ahora eran personas libres (¡solo las personas libres pueden tomarse un día de descanso!). Cuando los cristianos libres eligen trabajar sin descanso, no pasa mucho tiempo antes de que olviden que son libres. De la misma manera, cuando tomamos una deuda financiera, quedamos obligados con otro. Si nos atrasamos con los pagos y experimentamos el trauma psicológico de los llamados constantes de los cobradores, o si debemos elegir entre la comida o los pagos de la tarjeta de crédito, es más difícil expresar nuestra libertad en Cristo.

¿Es inmoral la deuda?

Por los peligros recién explicados, es fácil llegar a la conclusión de que la deuda es inmoral, pero eso no es cierto. Primero, permítame confesarle que yo tengo deudas continuamente: una hipoteca que me ayudó a comprar mi casa y un préstamo que me permitió comprar paneles solares para el techo. De todos modos, usted puede llegar a la conclusión de que sea lo que sea que yo diga, sencillamente estoy justificando mi «pecado financiero». Está en usted decidirlo.

Jesús casi pareció celebrar la existencia de los préstamos cuando hizo que el protagonista principal de una de sus parábolas dijera al mal siervo: «¿Por qué no depositaste mi dinero en el banco? Al menos hubiera podido obtener algún interés de él» (Mateo 25:27). Los bancos pueden pagar intereses a los depositarios porque prestan dinero y cobran intereses a otros. En el nudo mismo de prestar hay un simple servicio en el que las personas que tienen dinero extra y pocas buenas ideas ponen su dinero a trabajar dándoselo a la gente que no tiene dinero, pero sí muchas grandes ideas. Prohibir los préstamos limitaría seriamente la financiación y el desarrollo de nuevas empresas y servicios.

Aunque prestar no es inherentemente inmoral, hay *una manera* de prestar que sí es inmoral, como ya lo hemos discutido. Alguien que les presta a los pobres y cobra una tasa excesiva de interés (es decir, usura) termina siendo con el tiempo «dueño» de esa persona vulnerable y, por ese motivo, la usura es completamente inmoral.

En definitiva, la decisión de un cristiano de aceptar o rechazar una deuda es, sobre todo, un asunto de sabiduría, no de moralidad. La sabiduría implica la aplicación de conocimiento. Y con la deuda, hay una perla clave de conocimiento que todo cristiano debería aprender a aplicar: la distinción entre dos tipos diferentes de deuda.

Dos tipos de deuda

Tener deuda en *activos que se deprecian* es como pisar en arena movediza. La única cosa sabia que se puede hacer es escapar y no volver a acercarse. Tener deuda en *activos que se valorizan* es mayormente neutral en su efecto, pero tiene el potencial de ser muy dañina bajo ciertas circunstancias. Este tipo de deuda es como caminar sobre un puente tambaleante que cruza una profunda garganta: puede servir para un propósito valioso, pero ¡tenga mucho, mucho cuidado!

1. Activos que se deprecian: atrapados en arena movediza

En términos financieros, la palabra *depreciarse* significa que el valor de algo baja con el tiempo. Los activos que se deprecian son los que se deterioran con el uso y, con el tiempo, necesitan ser reemplazados. Ejemplos de esto son: automóviles, computadoras, ropa, muebles y electrodomésticos. Queda claro que este tipo de deuda es imprudente por dos motivos: primero, hay que hacer un pago triple para salir de ella (ver capítulo 6), lo cual por lo general es difícil de hacer. Segundo, por lo general no hay motivo para necesitar endeudarse, sobre todo porque ya existe el dinámico mercado del usado donde se pueden comprar a bajo precio esos activos. Planeando proactivamente, puede pagar al contado lo que necesita por una fracción de lo que costaría nuevo.

Yo tomé la decisión de pagar siempre al contado mis vehículos, sabiendo que si tuviera que alquilar o pagar cuotas, me ataría a un círculo de deudas con ese pago triple. Después de comprar mi primer vehículo, el Sandpiper, por $2000 en una subasta, estuve ahorrando por cuatro años para comprar mi próximo vehículo, un Hyundai Accent usado, el cual pagué al contado. Cinco años después, pude ahorrar lo suficiente para un usado un poco mejor, un Toyota Prius V.

Mientras nuestra familia hace uso del vehículo que tenemos en la actualidad, siempre estamos ahorrando para nuestro próximo automóvil. Ahorramos aproximadamente $180 cada mes en un sobre virtual llamado «Automóvil nuevo», el cual va creciendo en valor con el tiempo. Hemos viajado más de 193.000 kilómetros en nuestro Prius (al que llamamos Blue Steele) y esperamos seguir ahorrando durante otros cuatro años. Luego esperamos pagar al contado una linda miniván usada.

En general, la simple matemática señala que una deuda en activos que se deprecian debe evitarse siempre. No permita que los castores de la deuda construyan un dique que desvíe activamente una parte significativa del precioso ingreso que Dios le ha dado para administrar.

2. Activos que aumentan de valor: cruzar un puente tambaleante

Pedir prestado para comprar un activo que se valoriza es diferente porque el préstamo está respaldado por un tipo de activo que, en la mayoría de los casos, aumenta su valor con el tiempo. Esta es una distinción importante. Típicamente, este crecimiento pagará con creces el costo de los intereses del préstamo, de manera que, en general, el prestamista no obtiene poder sobre el solicitante.

En el caso de una casa, el crecimiento del precio a lo largo de un período prolongado puede llegar a ser varias veces mayor que el costo de los intereses. Los préstamos estudiantiles también suelen obrar de esa manera. Cuando usted solicita un préstamo para estudios universitarios, los intereses se equiparan con el crecimiento de su salario. La mayoría de los estudios muestran que el retorno en inversión (ROI) de un título universitario es positivo y significativo. Un estudio mostró que, en el curso de sus carreras, quienes tenían un título universitario ganaban en promedio $1.200.000 más que quienes solo tienen un diploma de enseñanza media[75].

Sacar un préstamo para comprar un activo que aumenta de valor debería ser considerado como menos peligroso que sacar prestado para comprar un activo que se deprecia, pero debe tener una expectativa razonable de que lo que está comprando aumentará de precio con el tiempo. Quienes compran una casa cuando el precio está en su máximo nivel o piden un préstamo estudiantil pensando en carreras que dan pocos ingresos (por ejemplo, un pastor de jóvenes o un pintor) terminarán endeudados por un activo que no se valoriza.

DOS TIPOS DE DEUDA

1. ACTIVOS QUE SE DESPRECIAN	2. ACTIVOS QUE SE VALORIZAN
• Pierden valor con el tiempo.	• Por lo general, aumentan su valor.
• Es como estar atrapado en arena movediza.	• Es como cruzar un puente tambaleante.
• En lo posible, evitarlas siempre.	• Pueden ser útiles, pero tenga mucho cuidado.

Nuestra respuesta a la deuda: cuatro estrategias

Si alguna vez terminamos en una situación en la que estemos considerando endeudarnos, el primer paso de sabiduría es temerle. Una escena particular del clásico de literatura *O Pioneers!* (¡Oh pioneros!) suele reproducirse en mi mente. Los hermanos Lou y Alexandra están hablando del plan de Alexandra de aumentar su superficie de tierras con la esperanza de convertirse en granjeros independientes.

Alexandra: «Lo que debemos hacer es sacar dos préstamos sobre nuestras medias secciones y comprar la parte de Peter Crow».

Lou: «¿Hipotecar de nuevo nuestra propiedad? [...] No quiero esclavizarme para pagar otra hipoteca. Jamás lo haré. ¡Estarías dispuesta a matarnos a todos, Alexandra, con tal de cumplir tu plan!».

Me gusta la respuesta de Lou. Lo enoja la idea de volver a endeudarse. Jamás deberíamos contraer una deuda sin antes analizar el costo financiero, emocional y espiritual completo. Y, si finalmente contraemos una deuda, deberíamos explotar nuestro dique de deuda pagándola enérgica y rápidamente.

Devolver una deuda es un proceso relativamente simple para quienes solo tienen un préstamo. Pero si tiene más de uno, hay algunas estrategias que puede adoptar para devolverlos. Los expertos en finanzas hace tiempo que vienen usando una figura de montaña para ilustrar cuatro enfoques (avalancha, bola de nieve, contenedor a prueba de osos y curva pronunciada), entonces continuaré con esa tradición.

Explicaré estas diferentes estrategias para pagar las deudas con el siguiente ejemplo, supongamos que usted tiene dos deudas: (1) $10.000 de préstamo estudiantil con una tasa de interés anual de 8,5% y (2) un préstamo de $750 por la compra de muebles, a una tasa de interés del 5,5% anual.

1. Avalancha (la de interés elevado primero)

Se paga primero la deuda que tenga el interés más elevado. En nuestro ejemplo, entonces, la deuda estudiantil se pagaría antes que la de los muebles. Esta estrategia siempre resultará en un menor pago por intereses. Es la manera más rápida de bajar de la montaña (es decir, una avalancha).

2. Bola de nieve (el saldo menor primero)

Se paga primero el saldo menor, de manera que primero atacará la deuda de $750 de los muebles. Aunque esto puede no ser matemáticamente eficiente, en cuando a la conducta, le permitiría ganar impulso (efecto bola de nieve) para pagar ambas deudas porque se sentirá aliviado de librarse de una de ellas. Pagar una deuda de esta manera puede ser más motivador porque se experimenta el éxito más temprano.

3. Contenedor a prueba de osos (préstamos de consumo primero)

Esta estrategia no mira las tasas de interés ni los saldos, sino que procura pagar primero la *deuda por bienes de consumo* (es decir, los activos que se deprecian). Como un oso que recorre su campamento de manera regular para llevarse sus provisiones, las deudas sobre activos que se deprecian hacen que usted contraiga más deuda para reemplazar los activos a medida que se consumen. Librarse primero de la deuda de los objetos que se deterioran (en nuestro ejemplo, los muebles) básicamente pone sus preciados objetos necesarios para vivir en un «contenedor a prueba de osos» para que la amenaza del crédito-oso ya no pueda robar sus provisiones cada noche. Esta estrategia es muy eficiente y motivadora.

4. Curva pronunciada (consolidación)

Esta estrategia buscaría un nuevo prestamista que le otorgue $10.750 para saldar la deuda estudiantil y la de los muebles de una sola vez. Al consolidar las deudas, pasa de tener más de un prestamista a tener uno solo. Es una muy buena estrategia para las personas desorganizadas. También tiene el potencial de bajar el total de costos en intereses, pero hay muchos factores a considerar. Muchas veces se termina pagando un mayor interés. Tenga cuidado al considerar consolidar deudas estudiantiles porque se pueden perder algunas de las opciones flexibles para devolver esas deudas.

ESTRATEGIAS PARA PAGAR DEUDAS

ESTRATEGIA	AVALANCHA (1)	BOLA DE NIEVE (2)	CONTENEDOR A PRUEBA DE OSOS (3)	CURVA PRONUNCIADA (4)
Descripción	• Pagar primero la deuda de interés más elevado	• Pagar primero la deuda de saldo más bajo	• Pagar primero la deuda por objetos de consumo que se deprecian	• Consolidar las deudas y pagar un solo préstamo
Ventajas	• Menos monto de intereses • Más rápido	• Motivación por éxito temprano	• Eficiente y motivador	• Eficiente • A veces intereses más bajos

EJERCICIOS DE TODO CORAZÓN

¿DÓNDE ESTÁ USTED AHORA?

(MARQUE CUALQUIER AFIRMACIÓN QUE CORRESPONDA).

En cuanto a las deudas, yo soy...

- Relajado.
  - » Las deudas no son la gran cosa.
  - » No sé cuánto debo.
  - » No sé cuándo terminaré de pagar la deuda.

- Temeroso.
  - » Le tengo miedo a las deudas.
  - » Genero un plan de devolución ni bien comienzo a pensar en contraer una deuda.
  - » Miro todas las demás opciones posibles antes de contraer una deuda.

¿Cuánto les teme a las deudas?

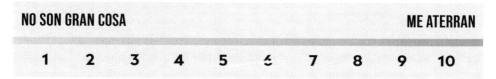

NO SON GRAN COSA									ME ATERRAN
1	2	3	4	5	6	7	8	9	10

CALCULE EL COSTO

Cuando complete estos ejercicios, ver WholeHeartFinances.com/spanish/#home (Apéndice, capítulo 10) para acceder a instrucciones útiles y enlaces de sitios en línea.

 Calcule el monto total de las deudas que tiene.

1. Acceda a su informe crediticio gratuito para determinar cuánta deuda no gubernamental tiene.

2. Acceda al monto de la deuda que tiene por becas estudiantiles financiadas por el gobierno.

PRÉSTAMOS QUE DEBO

NOMBRE DEL PRESTAMISTA/ SERVICIO	TIPO DE DEUDA	MONTO	TASA DE INTERÉS	PERIODO DE GANANCIA	MONTO MENSUAL ESTIMADO

Total mensual: $_____

❏ Si tiene más de un tipo de deuda, determine una estrategia de devolución.

» Avalancha

» Bola de nieve

» Contenedor a prueba de osos

» Curva pronunciada

❏ Escriba los detalles de su plan de devolución de deudas.

1. Mi próximo pago mensual: $_____

2. El año en el que espero estar libre de deudas: _____

3. Restaurante, evento u otra recompensa para celebrar el libre deuda:

_____

4. La persona que me ayudará a ser responsable y ajustarme a mi plan de devolución:

_____

CUARTA PARTE

AHORRE DE TODO CORAZÓN

Cómo aumentar su capacidad de dar por medio del ahorro y la inversión

Es vanidad estar preocupado solo por el presente
y no hacer provisión por lo que puede venir.
TOMÁS DE KEMPIS, *IMITACIÓN DE CRISTO*

CAPÍTULO 11

EL BANCO COMO CAMPAMENTO BASE

Supongamos que una mujer tiene diez monedas de plata y pierde una.
¿No encenderá una lámpara y barrerá toda la casa
y buscará con cuidado hasta que la encuentre?

LUCAS 15:8

Poco después de nuestra boda, entré a nuestro pequeño departamento una mañana y le dije a mi esposa: «Querida, lo lamento mucho, pero te casé con el mar por accidente». Ella me miró desconcertada hasta que le mostré mi dedo sin anillo. Una mirada de tristeza corrió por su cara cuando comprendió que mi anillo de bodas de oro y con grabado personalizado se había caído al mar durante una práctica de surf. Aunque ya lo he reemplazado, sigo regresando a ese lugar de surf, mirando bajo el agua como Gollum, buscando mi «precioso» anillo entre el agua salada y la arena.

Es curioso observar cuán vulnerables son nuestras preciosas posesiones de ser robadas, perdidas o traspapeladas. Durante su ministerio de enseñanza, Jesús les instruyó a sus seguidores: «No almacenes tesoros aquí en la tierra, donde las polillas se los comen y el óxido los destruye, y donde los ladrones entran y roban. Almacena tus tesoros en el cielo, donde las polillas y el óxido no pueden destruir, y los ladrones no entran a robar. Donde esté tu tesoro, allí estarán también los deseos de tu corazón» (Mateo 6:19-21).

En realidad, no fuimos creados para atesorar cosas materiales de valor. Aunque yo aprecio mi anillo de bodas, es algo material y temporario. Es mejor atesorar lo que es permanente. Dado que Jesús es tan permanente y valioso, atesórelo a él y deje que las cosas sean solo cosas; se nos han dado por un tiempo para ayudarnos a lograr los buenos propósitos de Dios.

Mientras nos esforzamos por hacer eso, ¿dónde ponemos las posesiones de valor como el dinero, las joyas o los documentos? Aunque no debemos atesorarlos, es evidente que necesitamos ponerlos en alguna parte. En el tiempo de Jesús, las viviendas personales eran los únicos lugares donde se podían guardar las cosas que se consideraban valiosas, y eso las hacía vulnerables a los ladrones y a los extravíos. Analicemos la primera frase de una de las parábolas de Jesús: «Supongamos que una mujer tiene diez monedas de plata y pierde una» (Lucas 15:8).

¡Un momento! Deténgase ahí. Aunque esta parábola de la moneda perdida trata del intenso amor de Dios por nosotros, no puedo dejar de observar lo estresante que sería tener toda nuestra riqueza metida en la propia casa. Aunque no puedo decir que sea no bíblico guardar dinero en la propia casa —donde el fuego o los ladrones pueden destruirlo en cualquier momento— puedo decir que guardar dinero en el banco es una manera mucho menos estresante de guardar cosas de valor. No obstante, los bancos no están libres de todo riesgo, cosa que veremos en este capítulo.

Depender del banco

Me topé en una ocasión con una publicación en Instagram sobre la dueña de un Airbnb que se quejaba de que uno de sus huéspedes le había robado dinero. Estaba paranoica de que un banco le quitara su dinero, de manera que guardaba varios cientos de dólares en un frasco de vidrio con tapa. Irónicamente, cuanto más trató esta mujer de evitar la pérdida de su dinero en el *banco*, más lo expuso a la pérdida en su casa. Esto es parecido a alguien que tiene tanto temor de chocar su automóvil que termina chocándolo por la preocupación de chocarlo.

Poco tiempo después de la pandemia, la nación de Líbano experimentó un colapso económico y social. Los bancos habían dejado de entregar el dinero a la gente, así que los ciudadanos comunes tomaron las armas y «asaltaron los bancos» para recuperar su propio dinero. Esta es una situación de terror que nadie quisiera que ocurriera en los Estados Unidos.

La posibilidad de que el dólar estadounidense implosione, mandándonos a una situación financiera apocalíptica es muy baja. El dólar estadounidense es la reserva mundial de moneda, y ninguna moneda digital ni moneda física de otro país está en condiciones de cambiar eso en un futuro cercano. Nunca ha ocurrido un colapso del sistema bancario estadounidense, aunque el sistema bancario de los Estados Unidos era menos estable antes de la creación de la Corporación Federal de Seguro de Depósitos (FDIC, por su sigla en inglés: *Federal Deposit Insurance Corporation*). Ahora, prácticamente cualquier depósito bancario está asegurado por la FDIC, lo que significa que incluso si una sofisticada banda de asaltantes irrumpe y se lleva su dinero, el Departamento del Tesoro de los Estados Unidos le reintegrará hasta $250.000 por banco[76].

Por el otro lado, la probabilidad de experimentar una pérdida por guardar el dinero fuera de un banco es drásticamente más elevada. Algo que ocurre a menudo (por lo menos en nuestra familia) es traspapelar cosas de valor, por ejemplo, dinero y joyas. Es muy fácil que cosas de ese tipo se pierdan en una mudanza. Considere también que durante 2021 cerca de 15.000.000 de casas fueron destruidas por desastres naturales, incluyendo incendios, huracanes, tormentas de nieve y tornados[77].

En un tono más siniestro, en los Estados Unidos, cada quince segundos una casa es asaltada ($2.500.000 por año)[78]. Y cuando se trata de robos domésticos, el ladrón, lamentablemente, a menudo suele ser de la familia. Hay innumerables historias en las que un miembro de la familia ha robado por desesperación a sus propios seres queridos. Es trágico que más de una cuarta parte de los robos de identidad a niños es perpetrado por amigos y familiares[79]. Según este tipo de estadísticas, yo me sentiría muy intranquilo guardando cosas valiosas fuera de un banco.

A nosotros nos ha pasado. Han entrado a robar a mi casa (por fortuna, no eran familiares). Una hermosa mañana de primavera, salimos a las 9 a.m. a una cita y, cuando regresamos a medio día, la casa estaba hecha un desastre. Como teníamos dos niños muy pequeños, nos llevó unos momentos a Tammy y a mí descubrir que algo estaba mal. Estábamos impactados de que un extraño hostil hubiera estado en nuestra casa. El agente de policía que investigó el caso dijo: «Este tipo de cosa nunca ocurre aquí». Pero ocurrió.

Por dinero guardado en la casa, la mayoría de las compañías de seguro le reintegrarán no más de $200 para cubrir un robo o incendio, ¡mucho menos que los $250.000 de la FDIC! Y una vez que su dinero está en una cuenta bancaria, ¡no se le perderá en un abrigo de invierno ni bajo el asiento de su automóvil! (¡Los estoy mirando a ustedes, Sage y Silas!). La conclusión es que el riesgo de perder dinero en un banco de los Estados Unidos es mucho menor que el riesgo de incendios, inundaciones, robos o extravío.

Cuentas corrientes a modo de entrada

Además de que los bancos ofrecen un lugar más seguro para guardar su dinero, también son una entrada cultural fundamental para su vida financiera. Todos sus esfuerzos en lo que gasta, da y ahorra pasan por el «campamento base» de su banco para poder responder al llamado que el Señor le ha hecho. Sin una cuenta bancaria, pierde acceso a muchos servicios modernos fundamentales.

Por ejemplo, pagar las cuentas en la economía actual es muy difícil (casi imposible) con efectivo. La mayoría de los proveedores de servicios quieren que se les pague con un cheque, una tarjeta de crédito o una transacción por la Cámara de Compensación Automatizada (ACH, por su sigla en inglés)[80]. El banco ofrece transacciones ACH como un servicio que le permite «girar» dinero sin cobro. A menudo es una manera muy buena para pagar, en especial si tiene una tarjeta de crédito pero quiere proteger su puntaje crediticio usándola lo menos posible (es decir, teniendo una utilización menor). Tener una cuenta bancaria también le dará acceso a servicios de inversión (por ejemplo, comprar acciones y bonos), a contribuciones para la beneficencia (por ejemplo, enviar dinero a su iglesia) y servicios impositivos (por ejemplo, obtener un reintegro de impuestos mucho más rápido).

Si alguna vez le niegan una cuenta corriente básica, puede reunir los billetes y monedas que están dispersos en su casa e imitar los servicios de una cuenta corriente comprando una tarjeta de débito prepaga de un negocio conveniente o comercio. Esta tarjeta prepaga se puede usar entonces para pagar cuentas en línea y para guardar sus billetes y sus monedas. Aunque esto le sirve para pagar las cuentas sin tener una cuenta bancaria, su dinero no está asegurado por la FDIC y está expuesto al robo y la pérdida. Además, esas tarjetas no aumentan ni construyen su crédito y pueden incluir tarifas mensuales.

El roba bancos del banco

A pesar de la improbable implosión del sistema bancario de los Estados

Unidos, otra razón por la que la gente se niega a veces a tener una cuenta bancaria (es decir, estar bancarizada) es porque los bancos mismos *roban*. Si eso es lo que usted piensa ¡no está equivocado!

Considere la muy común historia de Stan: a los dieciocho años, Stan abrió su primera cuenta corriente con los ahorros de toda su vida: $950. Estaba emocionado con su nueva independencia financiera. Firmó para tener una protección de sobregiro porque le pareció una gran idea y utilizó su tarjeta de débito para la mayoría de sus compras. Después de unos meses, Stan revisó su balance y notó un torrente de cobros. No lograba entender lo que estaba pasando. Intentó reunir efectivo para cubrir cualquier gasto extra, pero los cobros seguían llegando y socavando sus ahorros. Stan decidió que jamás volvería a usar un banco y que guardaría su dinero en su habitación.

Aunque esta pueda no ser su historia, es una historia que se repite entre aquellos que son financieramente vulnerables. Los cargos bancarios suelen ser confusos y depredadores por naturaleza. Los consumidores estadounidenses pagan en un solo año $17.000.000.000 de cargos por sobregiro (pagos al banco para que mueva dinero de sus ahorros a su cuenta de cheques) y cargos por fondos insuficientes (NSF, por su sigla en inglés), lo que significa $53 por cada ciudadano estadounidense[81].

Irónicamente, los clientes que firman para tener una «protección» contra sobregiro son, a menudo, quienes sufren más por los cargos por sobregiro, los cuales en su mayoría podrían evitarse si rechazaran este servicio cuando un agente bancario se lo ofrece. Cada vez que el titular de una cuenta accidentalmente no tiene dinero suficiente para pagar una factura que se cobra de su saldo bancario, la protección de sobregiro automáticamente retira los fondos necesarios de su caja de ahorros.

Desde el punto de vista de la conducta, es mucho mejor tener una mayor separación entre la cuenta corriente y la caja de ahorros para que no trate sus ahorros como una alcancía de la que se puede extraer con facilidad. Una solución es abrir una caja de ahorros en un banco en línea, la cual podría generar entre sesenta y ochenta veces más interés que en un banco comercial (más detalles luego en este capítulo).

Además de los cargos por sobregiro, los bancos comerciales, a menudo, cobran cargos por cajero automático, comisiones mensuales de servicio, cargos por facturas impresas, cargos por transacciones en el extranjero y cargos por cierre de cuenta. Los gastos operativos son completamente evitables, pero más de uno de cada cuatro estadounidenses pagan cargos mensuales que promedian los $24 o $288 por año[82]. Yo no pago ningún cargo operativo, tampoco usted debería hacerlo. En general, para evitar esos cargos, haga lo siguiente:

- Evite firmar la protección de sobregiro para que pueda generar una barrera saludable entre su caja de ahorro y su cuenta corriente y ganar más intereses con una caja de ahorros en línea.

- Haga que su salario se deposite automáticamente.

- Solo utilice cajeros automáticos que estén incluidos en la red de su banco.

Si descubre que su banco está activamente tratando de sacar provecho de usted con cargos, quizás sea hora de buscar otro banco. Cuando esté buscando un nuevo banco, asegúrese de tener en cuenta las cooperativas de crédito. Pero ¿en qué difiere una cooperativa de crédito de un banco?

Cooperativas de crédito: actuar como si el lugar le perteneciera

En el momento que abre una cuenta en una *cooperativa de crédito*, ya no tiene que «actuar» como si el lugar le perteneciera, en realidad, el lugar le pertenece. Cada titular de una cuenta es copropietario. Esto es diferente a los bancos privados, los cuales les pertenecen a accionistas. Como titular de una cuenta de cooperativa de crédito, tiene voto sobre qué cargos se cobran y qué productos se ofrecen. Cada año recibirá materiales para votar y la posibilidad de participar de las reuniones de membresía.

Las cooperativas de crédito a veces tienen una condición única de ventajas tributarias que les permiten cobrar menos que los bancos comerciales por los mismos productos y servicios. Esta condición solo es posible si la cooperativa de crédito requiere cierto tipo de «campo de membresía» para sus titulares de cuenta, lo que significa que es exclusivo para cierto tipo de grupo. Campos típicos de membresía son, por ejemplo, grupos de profesionales (militares, maestros de toda la gama escolar, sindicatos, la comunidad médica) o por localidad (Dallas, California del sur) y grupos comunitarios (alumnos de escuela, clubes deportivos, denominaciones eclesiásticas).

Los productos y servicios de las cooperativas de crédito son básicamente los mismos que los de los bancos comerciales, pero con mejor servicio al cliente y cargos más bajos. Los depósitos están asegurados hasta los $250.000 por el Fondo Nacional de Seguro de Acciones de Cooperativas de Ahorro y Crédito (NCUA, por su sigla en inglés: *National Credit Union Share Insurance Fund*), la cual se considera tan fuerte como el FDIC. Las cooperativas de crédito con las calificaciones más exclusivas y únicas (por ejemplo, las fuerzas armadas, grupos vinculados al trabajo), por lo general, tienen los mejores servicios y acuerdos, pero también pueden tener menor accesibilidad de sucursales.

La principal fortaleza de un banco comercial es una mejor accesibilidad y cargos potencialmente más bajos por el uso de cajeros automáticos o el acceso a cajas de seguridad. Yo uso un banco comercial simplemente porque vivo justo al lado de uno y alquilo una de sus cajas de seguridad. Si en algún punto no respetan mi empresa o cobran tazas que no puedo pagar, de inmediato me pasaría a una cooperativa de crédito de maestros (mi hermana es maestra K-12, es decir, de escolarización primaria y secundaria) y, en general, las cooperativas de crédito están abiertas a los miembros de la familia) o a la cooperativa de crédito de la universidad a la que asistí (¡Sigo defendiendo al equipo de baloncesto USC Trojans!).

Ahorros en línea: fruto de las ramas bajas

Los bancos también pueden ser ladrones al no proveer intereses. Así le están robando algo que usted debería obtener. Para ejemplificar, quiero usar una de mis historias favoritas: *Orgullo y prejuicio* de Jane Austen. Mi escena preferida, de Darcy y Elisabeth reuniéndose, todavía me da escalofríos:

> **Darcy:** «Si tus sentimientos son los mismos del abril pasado, dímelo de una vez. Mi afecto y mis anhelos no han cambiado»[83].

Mi segunda escena preferida es mucho menos romántica: implica cálculos de renta y tasas de interés. *¡Emoción pura!*

> **Elizabeth:** «Por cinco mil al año, no importa si [el señor Bingley] tiene verrugas y mirada lasciva»[84].

Sabiendo que el señor Bingley recibía $5000 al año y que los bancos daban típicamente un 5% de interés en ese tiempo, permítame calcular todo tipo de estimaciones sobre la riqueza del señor Bingley y el valor neto de la aristocracia durante ese período. Mi esposa simplemente pone en blanco los ojos cuando me obsesiono por descubrir la situación financiera de los personajes de Jane Austen.

Cuando miramos nuestra situación financiera, todos deberíamos poner en blanco los ojos cuando los bancos nos dan 0% de tasas de interés sobre nuestras cuentas de ahorro. Durante cientos de años, los bancos han provisto tradicionalmente entre 4% y 5% de interés anual[85], pero hoy los bancos comerciales no le darán prácticamente nada por sus cuentas de ahorro. Es un desarrollo cultural que las tasas de interés durante los últimos treinta años son las más bajas del período de cinco mil años[86].

En muchos sentidos, una tasa baja de interés es un «impuesto oculto» sobre los ahorristas. El *Wall Street Journal* ha calculado que los ahorristas perdieron $42.000.000.000 en intereses en un trimestre porque guardaron su dinero en cuentas de ahorro de bancos comerciales[87]. Casi cada vez que entro a mi banco, intentan convencerme de abrir una cuenta de ahorro y se desconciertan cuando me niego. Entonces, les muestro mi desconcierto porque sus cuentas de ahorro proveen tan poco interés.

Por suerte, como mencioné antes, hay una manera muy fácil de ganar entre sesenta y ochenta veces más en intereses de lo que los bancos comerciales dan en la actualidad: simplemente abrir una cuenta en un *banco de ahorro en línea*. Estos bancos, a menudo son bancos físicos bien establecidos en otro país o un tipo de institución financiera que no provee servicios bancarios tradicionales (es decir, una compañía de tarjetas de crédito).

Como los bancos de ahorro en línea proveen servicios bancarios puramente en línea, ahorran mucho dinero por no tener sucursales físicas. Entonces, sus ahorros pasan a los clientes en la forma de tasas de interés más elevadas. La única desventaja es que las transferencias a su cuenta corriente pueden demorar entre uno y dos días. Esto podría provocar una crisis de flujo de caja si tuviera que pagar una factura de inmediato. Eso me ha ocurrido a mí una sola vez en los últimos veinte años, me faltaron $100 para pagar una factura, de manera que le pedí a un amigo que me transfiriera en un instante ese dinero a mi cuenta con la aplicación de teléfono móvil. Pagué un recargo de $1 y le reintegré el dinero a mi amigo al día siguiente.

Una cuenta de ahorro en línea típica está asegurada por la FDIC en $250.000, de modo que puede ganar entre sesenta y ochenta veces más en intereses sin riesgo adicional. Esto es en verdad «fruta de las ramas bajas» para usted y su familia.

EJERCICIOS DE TODO CORAZÓN

¿DÓNDE ESTÁ USTED AHORA?

(MARQUE CUALQUIER AFIRMACIÓN QUE CORRESPONDA).

En cuanto a guardar mis ahorros, yo...

❏ No tengo cuenta bancaria.

  » Siempre estoy preocupado por el robo, los incendios y los extravíos.

  » Dejo de ganar intereses.

  » No tengo acceso a los servicios y productos modernos (¡en muchos lugares ya ni siquiera se acepta el efectivo!).

❏ Estoy bancarizado.

  » Sé que el dinero está mucho mejor guardado en el banco que en casa.

  » Me tranquiliza estar asegurado por un monto de hasta $250.000.

  » Tengo acceso a productos y servicios modernos.

¿Qué número refleja mejor qué parte de su vida financiera está bancarizada?

TODO EL EFECTIVO EN CASA								TOTALMENTE BANCARIZADO	
1	2	3	4	5	6	7	8	9	10

OPTE POR ESTAR BANCARIZADO

A medida que completa estos ejercicios, ver WholeHeartFinances.com/spanish/#home (Apéndice, capítulo 11) para acceder a instrucciones útiles y enlaces a sitios en línea.

❏ Evalúe su cuenta corriente. (Continúa en la página siguiente).

» Preguntas que hacerle al banco:

1. ¿Cuánto dinero se requiere para abrir una cuenta? ¿Cuál es el saldo mínimo?

2. ¿Qué cargos puede haber en esa cuenta? ¿Cómo puedo evitarlos?

3. ¿En qué momento están disponibles para usar los depósitos? ¿Hay tarjetas de débito recargables? ¿Cuáles son las tarifas?

» Si carece de una cuenta, necesitará lo siguiente para abrir una en los Estados Unidos:

1. Elija dos de estas: documento de identidad, pasaporte, tarjeta de seguridad social, certificado de nacimiento.

2. Número de seguro social (SSN, por su sigla en inglés) o Número de identificación fiscal individual (ITIN, por su sigla en inglés). [Si no tiene un ITIN, considere solicitar uno en línea].

3. Prueba de dirección física, como una factura de servicios públicos.

4. Depósito inicial.

» Si se le niega una cuenta corriente:

1. Pida un informe de ChexSystems, Early Warning o TeleCheck Service. Pague saldos pendientes. Si hay un error, llene un formulario de queja.

2. Compre tarjetas de débito prepagas. Cargue dinero en esas tarjetas y utilícelas para pagar facturas y recibir cheques.

3. Considere la posibilidad de participar de una cooperativa de crédito.

❑ Abra una cuenta en un banco de ahorro en línea, vincúlela con su cuenta corriente y transfiera dinero de su cuenta corriente a su nueva cuenta de ahorro. Tenga cuidado:

» El banco de ahorro en línea con tasa de interés más elevada por lo general ofrece esa tasa solo por unos meses (es decir, una tasa de señuelo).

» Aunque las transferencias entre sus ahorros en línea y su cuenta corriente son gratuitas, pueden llevar uno o dos días en acreditarse. Intente tener suficiente dinero en su cuenta para sortear los gastos regulares.

CAPÍTULO 12

REUNIR UNA RESERVA PARA LA VEJEZ

Eleva tus ojos a las cosas buenas del cielo, y verás que todas las cosas del mundo son nada, son completamente inciertas, sí, son agotadoras porque nunca se poseen sin esfuerzo y sin temor. La felicidad del hombre no reside en la abundancia de las cosas temporales, le basta una porción moderada.

TOMÁS DE KEMPIS, *IMITACIÓN DE CRISTO*

Cuando tenía trece años, estaba lleno de angustia. No era raro que les profiriera palabrotas a mis amigos o robara caramelos del kiosco local. Como todo adolescente, no sabía bien qué hacer con mis hormonas y tomé muchas malas decisiones. Pero una buena decisión fue asistir al grupo de jóvenes increíblemente divertido y acogedor de mi iglesia. Todos los veranos íbamos al Hume Lake Christian Camp (Campamento cristiano del lago Hume) y, lentamente, allí comencé a dar pasos para amar a Jesús.

Unas semanas después de mi primer campamento, estaba solo en casa y decidí escribirle una carta a una muchacha que había conocido allí (sí, en ese tiempo enviábamos cartas de papel por correo). Al salir de casa para enviar la carta, me quedé encerrado fuera de la casa por accidente. Se me ocurrió una idea brillante: trepar a un árbol próximo a la casa, saltar al balcón y entrar a la casa por la puerta mosquitera que no tenía llave. Todo salió perfectamente, salvo la parte en que caí desde dos pisos sobre una cerca de varas de hierro.

Todavía siento el aire rozándome las orejas mientras caía. Es un milagro que siga con vida. Cuando desperté después de la cirugía de dieciséis horas que me hicieron para sacarme del cuerpo una punta de hierro, el cirujano me dijo que estaba tan orgulloso de que estuviera vivo que pretendía guardar la punta de recuerdo. Cortésmente le dije que no.

Estuve en la cama del hospital durante muchas semanas, como una bolsa de huesos de treinta y cinco kilos. No tenía nada que ofrecerle a nadie. Estaba completamente indefenso y era pobre. Pero nunca me sentí tan rico porque podía sentir que Jesús estaba conmigo en la habitación. No sé cómo explicarlo, excepto que yo sentía su sonrisa y estaba seguro de que en realidad me conocía y me aceptaba. Fue increíble. Esa relación fue un tesoro impagable en mis pequeñas manos huesudas.

El amor y la atención personal de Jesús me hicieron el hombre más rico sobre la tierra. Fue una «probadita» del cielo que todavía hoy saboreo. No hay nada que se le compare. Ahora que estoy en los cuarenta, esa experiencia ha hecho que mis ahorros para cuando me jubile sean algo diferente que para muchos otros. Nunca consideraría mis ahorros para el futuro como un verdadero tesoro. Para mí, tener el amor de Dios es como tener el brillo del sol, mientras que tener un depósito de dinero para mi jubilación es como tener una vela que titila.

En una de sus parábolas, Jesús acusa a un granjero de ser necio por pensar que sus ahorros para su jubilación eran su verdadera riqueza. Jesús describió como un necio a todo aquel que «almacena riquezas terrenales, pero no es rico en su relación con Dios» (Lucas 12:21). Si yo tuviera que reformular este pasaje, agregaría: «Un necio es aquel que no ve su relación con Dios como su verdadera riqueza, sino que en lugar de eso pone toda su devoción y su afecto en sus tesoros materiales».

Al ir envejeciendo, nuestra salud y capacidad para ganar ingresos se ven limitados. Esta es una realidad que todos deberíamos encarar porque afectará nuestra habilidad para cuidar de nosotros mismos y de otros. A pesar de que más de una cuarta parte de los estadounidenses no tienen dinero ahorrado para sus años de vejez[88], la mayoría de nosotros entendemos que es probable que vivamos más de lo que durará nuestra capacidad para generar un ingreso y que preparar un depósito de dinero o *reserva para la vejez* es una tarea muy importante.

Es un grave error construir riqueza a ciegas. Hay que encontrar un equilibrio entre los peligros de la riqueza y la realidad de que una reserva para la vejez puede ser una herramienta poderosa para nuestras vidas de generosidad. No encontrar ese equilibrio puede hacernos necios espiritual y físicamente.

Las caracolas y el atardecer

Cuando uno ve u oye la palabra *jubilación*, ¿cuál es la primera imagen que se le viene a la mente? Cada vez que les hago esa pregunta a los estudiantes o a los adultos, sistemáticamente me responden: cabello canoso, partidos de golf, paseos en velero, caracolas, atardeceres y huellas en la arena. Sin embargo, esas imágenes no tienen nada que ver con el concepto original de la jubilación.

En 1828, el *American Dictionary* de Noah Webster describió una de las definiciones de la jubilación como «el acto de retirarse de la compañía, de la actividad o el puesto público»[89]. Pero hoy, una de las definiciones de Webster es «el retiro del puesto o la ocupación por haber terminado la carrera laboral o profesional»[90]. ¡Este cambio en la definición es trágico!

> No hay cosa mejor para el hombre sino que coma y beba, y que su alma se alegre en su trabajo. También he visto que esto es de la mano de Dios.
>
> Eclesiastés 2:24, RVR60

Un estudio reciente señala que quienes tienen una vida laboral más larga también tienen mayor esperanza de vida con más bienestar[91]. Otro estudio demostró que quienes retrasan su jubilación un año, aumentaron en un 11% su longevidad[92]. Dicho de otra manera, cuanto más pronto se deja de trabajar, más pronto se muere.

Esta idea de que el trabajo es esencial para nuestro bienestar es evidente en la historia de Adán y Eva. Después de que Dios los creó, de inmediato los puso a trabajar. No dijo: «Vayan y trabajen hasta que sean mayores de edad. Después de que hayan cumplido sus obligaciones y de haber sufrido lo suficiente, los liberaré de su pesada carga y les permitiré vivir el resto de su vida como unas interminables vacaciones». En lugar de eso, los destinó a trabajar, disfrutar y descansar simultáneamente.

Cuando trabajaba en una importante empresa de inversiones que estaba cerca de la playa, algunos compañeros de trabajo y yo íbamos una hora antes a la oficina para poder disfrutar de dos horas de receso surfeando cada día. Mi jefe solía verme por la tarde con el cabello mojado, los hombros relajados y el aroma del agua salada en los labios. Un día me dijo: «Estoy seguro de que estás esperando el día que te jubiles y puedas pasarte todo el día en la playa». Mi respuesta no era la que él esperaba: «Eso suena horrible. Demasiada playa arruina el placer de la playa. Mi sueño es hacer lo que estoy haciendo ahora, trabajar y surfear a la vez».

El trabajo tiene más sentido cuando se combina con descanso y recreación. Y el descanso y la recreación tienen más sentido cuando se combinan con trabajo. Cuando las personas se sienten desesperadas por jubilarse, la realidad a menudo es que están extenuadas y necesitan encontrar una manera de tener más descanso en su ritmo de trabajo. Aunque a veces parece que el trabajo es algo «malo» porque está bajo una maldición a causa del pecado de Adán (Génesis 3:17-18), nuestro esfuerzo por trabajar siempre ha sido algo bueno porque en realidad fuimos «hechos para eso». Y esa maldición ha sido redimida en Cristo. Timothy Keller lo explica:

> Cuando trabajamos, somos «los dedos de Dios», los agentes de su amor providencial por otros. Esta comprensión eleva el propósito del trabajo de hacerlo para tener de qué vivir a hacerlo por amor a nuestro prójimo. [...] El trabajo no solo cuida la creación; también la dirige y la estructura. [...] El propósito del trabajo es crear una cultura que honre a Dios y permita que la gente florezca[93].

Preserve su habilidad para ser generoso

A pesar de esas verdades, la realidad es que puede llegar un momento en que seamos físicamente incapaces de trabajar y ganar un ingreso. Como este período puede durar décadas, también vale la pena esforzarse por tener una reserva para la vejez, un depósito de ingresos al que podamos recurrir para mantenernos y sostener nuestra habilidad para ser generosos.

Durante miles de años, la reserva para la vejez de la mayoría de las culturas ha sido que los hijos cuiden de sus padres. En un escenario cristiano, si eso no era posible, la iglesia debía actuar (1 Timoteo 5). En la cultura actual, aunque la iglesia todavía puede actuar en situaciones especiales, el enfoque histórico para el manejo de los años de la vejez es mayormente imposible porque los hijos no esperan tener que ocuparse de sus padres. Los antropólogos culturales Ellen y Lowell Holmes escriben:

> La evidencia señala una falta de solidaridad, cooperación y reciprocidad familiar en cada punto del ciclo de vida de los estadounidenses. Con este tipo de ética, los miembros de la sociedad pueden esperar poco apoyo en la vejez de parte de sus familias o de una sociedad orientada hacia la independencia[94].

En los Estados Unidos hoy en día, es probable que «los ahorros bajo el colchón» (la reserva para la jubilación) impliquen también los cuidadores domiciliarios que nos atenderán en la vejez. Esta nueva solución no es moralmente mala, pero creo que hay una gran pérdida que lamentar cuando ya no contamos con la reciprocidad en la unidad familiar. La visión de Pablo para los cristianos era que los fuertes (es decir, aquellos con recursos elevados), cuidaran de los débiles (es decir, aquellos con recursos bajos):

> *No digo esto para que haya para otros holgura, y para vosotros estrechez, sino para que en este tiempo, con igualdad, la abundancia vuestra supla la escasez de ellos, para que también la abundancia de ellos supla la necesidad vuestra, para que haya igualdad, como está escrito: «El que recogió mucho, no tuvo más, y el que poco, no tuvo menos».*
>
> 2 CORINTIOS 8:13–15, RVR60

El paradigma actual sobre los ahorros para la jubilación determina que tengamos un depósito de reserva para la vejez que asegure que jamás necesitaremos que nos ayuden (es decir, que nunca seremos débiles). El rechazo a la dependencia económica de la cultura occidental se refleja en sentimientos como el que sigue:

Hay pocas cosas más importantes en la vida que la independencia, el conocimiento de que uno puede cuidarse a sí mismo. [...] Crear una realidad en la que uno es financieramente independiente siempre, permite cuidar de uno mismo mientras se planea el futuro. Saber que uno puede cuidar de sí mismo ofrece una dosis saludable de orgullo[95].

A pesar de la trágica pérdida de las comunidades enérgicas e interdependientes que gestionaban los años de escasos ingresos de los mayores, hay ventajas en la manera que los estadounidenses usan sus ahorros para sostener los años de la vejez. Una familia que financia su consumo en forma independiente de otros requiere mucha menos coordinación, y es probable que tenga menos conflicto y más elecciones generales a disposición.

Evitar los peligros de la riqueza

Aunque ahorrar para la vejez puede ser necesario, no está exento de ser un peligro para nuestra vida espiritual y material. Los tres pasos siguientes pueden ayudarlo a construir la reserva para su vejez de una manera sabia: (1) conéctese con su futuro yo, (2) reconozca la octava maravilla del mundo y (3) entregue su reserva a diario.

Paso 1: mientras ahorra, conéctese con su futuro yo.

Lo primero que tiene que recordar es que está ahorrando para su futuro yo. ¿Alguna vez ha pensado en su futuro yo? ¿Cómo se ve? ¿Será una persona más madura? ¿En qué sentido? Si nunca ha considerado las necesidades de su futuro yo, no está solo. Aunque es inevitable que muchos de nosotros no tendremos ingresos en el futuro y es probable que nuestros hijos no puedan cuidar de nosotros, nuestra sociedad sigue sin ahorrar. Piense en las siguientes estadísticas:

- Uno de cada cuatro estadounidenses no tiene ahorros para la jubilación.

- 49% de las personas entre 55 y 66 años carece de ahorros personales para su jubilación (¡la mitad!)[96].

- El déficit estadounidense de ahorros para la jubilación se estimó recientemente en $3.680.000.000.000[97].

La *Future Self-Continuity* (la continuidad futura del yo) es un área de investigación que se ha vuelto popular a medida que los legisladores y académicos han tratado de entender por qué la gente no ahorra para su vejez. Si no se siente conectado con usted mismo en su futuro, carece de continuidad del yo. Los estudiosos a menudo intentan entender por qué la gente tiende a darle menos importancia a la recompensa futura comparada con la recompensa actual. Se suele desestimar con facilidad cualquier actividad que tenga un costo actual, incluso si tiene una gran recompensa futura (como los ahorros para el futuro). Un estudio encontró que «para quienes están enajenados de su futuro yo, ahorrar es como una elección entre gastar dinero hoy o dárselo a un extraño dentro de muchos años»[98].

Como ve, antes de comenzar el proceso de pensar en ahorrar para su futuro, es importante que se conecte con su futuro yo. Como cristiano, tiene un futuro yo increíble que se está pareciendo cada día más a Cristo: «Todos nosotros, a quienes nos ha sido quitado el velo, podemos ver y reflejar la gloria del Señor. El Señor, quien es el Espíritu, nos hace más y más parecidos a él a medida que somos transformados a su gloriosa imagen» (2 Corintios 3:18).

Dicho eso, su futuro yo también se está haciendo cada vez más vulnerable físicamente, lo cual genera una vulnerabilidad financiera. Como cristianos, entendemos esta tensión: «Por tanto, no desmayamos; antes aunque este nuestro hombre exterior se va desgastando, el interior no obstante se renueva de día en día» (2 Corintios 4:16, RVR60). Podemos decidir hoy enriquecer nuestro futuro ser interior viviendo en Jesús, tomando nuestra cruz y siguiéndolo. Podemos enriquecer hoy nuestro futuro ser exterior frágil haciendo preparativos para la etapa en que no tendremos ingresos, orando para que Dios nos enseñe a «entender la brevedad de la vida, para que crezcamos en sabiduría» (Salmo 90:12). En ambos casos, expresamos un fruto clave del Espíritu —el auto control— mientras damos pasos para bendecir a nuestro futuro yo, que es tanto físico como espiritual.

Paso 2: mientras ahorra, reconozca la octava maravilla del mundo

No podemos decir con seguridad que Albert Einstein en una ocasión llamó al interés compuesto «la octava maravilla del mundo»[99], pero no tengo ninguna duda de que esta maravilla es el motivo por el que yo hice una carrera en finanzas. Cuando era adolescente, me cautivó la idea de que el interés puede generar intereses. Me producía un sentido de asombro y maravilla. Si no se siente asombrado de inmediato por este invento maravilloso, entonces es probable que no entienda cómo trabaja.

El interés compuesto implica un depósito de dinero que es capaz de generar un retorno (es decir un interés) con el tiempo. Si la cuenta continúa generando un retorno, ese retorno previo ahora producirá otro (es decir, interés que genera intereses). Aunque esto no parece ser algo que cambie la vida, piense en cualquier cosa que se acumule sobre sí misma y crezca exponencialmente.

El crecimiento exponencial es una de las fuerzas más poderosas que se hallan en la naturaleza. El crecimiento exponencial de las células es lo que permite la vida humana; el crecimiento exponencial de los agentes patógenos es lo que hace que una persona infectada pueda con rapidez causar la necesidad de una cuarentena mundial; y el crecimiento exponencial de la fe en Cristo explica cómo fue que los doce discípulos de Jesús dieron vuelta el mundo entero.

Si simplemente deposita dinero en una cuenta que genera una tasa de retorno, aprovecha este poder exponencial que parece un palo de hockey: al comienzo el crecimiento no parece impresionante. Pero hay que darles tiempo, y las cosas se catapultan. El interés compuesto en verdad es la única razón por la cual es posible la idea moderna de «ahorro para la jubilación».

Considere el siguiente ejemplo: suponga que quiere tener $700.000 en su reserva para la vejez cuando llegue a los setenta, dentro de veinticinco años. Si guarda su dinero bajo el colchón, necesitaría juntar $2333 por mes. Si, en cambio, aprovecha el interés compuesto que genera un retorno del 10% sobre sus ahorros (por lo general, por invertir en el mercado de valores; ver el próximo capítulo para más detalles) y hace que *ese* interés genere intereses puede *ahorrar el 77% menos* ($528 por mes).

El interés compuesto en verdad es la única razón por la cual es posible la idea moderna de «ahorro para la jubilación».

Si comienza solo cinco años antes, tendrá que ahorrar solo $310 por mes (41% menos por mes por solo tener cinco años más de tiempo).

Aprovechar este gran invento hace que cualquier tipo de plan sea mucho más alcanzable. Y ahorrando un poco más de tiempo, se logra bajar significativamente el monto que hay que ahorrar. Esta es una razón por la que la planeación financiera es tan útil, usted se da a sí mismo más tiempo para lograr lo que Dios ha puesto en su corazón; lo cual, casi siempre, requiere dinero.

Paso 3: mientras ahorra, entregue su reserva a diario

Nuestra reserva para la vejez es como una corona que debe ser continuamente puesta a los pies de Jesús (Apocalipsis 4:10). Siempre debemos buscar oportunidades para dar y ahorrar. Debemos vivir de tal manera que planeemos sacar provecho del crecimiento exponencial, pero también estar disponibles para la generosidad espontánea que puede generar una historia de aventura que atesoremos para siempre.

Bill y Vonette Bright, quienes fundaron Cru, una de las organizaciones evangélicas más grandes del mundo, son un hermoso ejemplo de eso. Poco antes de su muerte, Bill compartió su historia con la organización Generous Giving (Dar generosamente). En lugar de tomar su dinero de la reserva para la jubilación, cuando llegó a esa edad, Bill dio todo el monto ahorrado para lanzar una escuela de capacitación para el liderazgo de la iglesia en Rusia. Muchos años después, Bill se enfermó y requirió un tratamiento médico costoso. No tenía dinero para eso, pero amigos cercanos lo pusieron en contacto con un médico ruso que se sintió guiado a hacerle el tratamiento en forma gratuita. A pesar de no tener su fondo para la jubilación, Dios usó la inversión de Bill para cuidar de él de una hermosa manera[100].

La historia de Bill Bright puede no ser su historia de jubilación. Para la mayoría de la gente, Dios usa la reserva para la jubilación como parte de su provisión durante los años de jubilación, pero yo lo desafío a estar abierto a los vientos que puedan soplar de repente, llamándolo a dar en un impulso indómito que «no es de este mundo» (Juan 18:36).

EJERCICIOS DE TODO CORAZÓN

¿DÓNDE ESTÁ USTED AHORA?

(MARQUE CUALQUIER AFIRMACIÓN QUE CORRESPONDA).

Cuando pienso en mi futuro yo, me siento...

❏ Desconectado.

   » Mi futuro yo es un completo extraño para mí.

   » Rara vez pienso en hacer algo ahora que sea de bendición para mi futuro yo.

   » No busco cultivar un abundante autocontrol en mi vida (uno de los frutos del Espíritu).

❏ Conectado.

   » Mi futuro yo está muy conectado con mi identidad actual. A menudo pienso en mi futuro yo y me entusiasma ir pareciéndome cada vez más a Jesucristo.

   » Procuro dar pasos hoy que se extenderán de manera positiva en el futuro.

   » Busco cultivar abundante autocontrol en mi vida (uno de los frutos del Espíritu).

¿Cuán conectado con su futuro yo se siente usted?

ES UN COMPLETO EXTRAÑO							ES MI MEJOR AMIGO		
1	2	3	4	5	6	7	8	9	10

CONSTRUYA UNA RESERVA PARA LA VEJEZ

Ver WholeHeartFinances.com/spanish/#home (Apéndice, capítulo 12) para acceder a instrucciones y enlaces de páginas en línea útiles para completar estos ejercicios.

❏ Conéctese con su futuro yo.

1. Descargue una aplicación de envejecimiento para generar una imagen de su futuro yo.

2. Imagínese a su futuro yo atravesando un día típico de trabajo y descanso. Imagine que se parece más a Cristo, ya que él prometió que el Espíritu Santo lo transformaría continuamente a la imagen de él (2 Corintios 3:18).

3. Escriba dos cosas que puede hacer hoy para ayudar a su futuro yo a florecer durante su vejez.

❏ Determine sus ahorros mensuales para una reserva para la vejez.

» Elija algo cuyo cálculo sea simple. #1: ahorre el 10% de su ingreso anual a lo largo de toda su vida. O bien el cálculo simple #2:

1. Determine el ingreso anual que quiere recibir cuando se jubile (en dólares al día de hoy): $_____

2. Multiplique el monto de arriba por quince para determinar cuánto tendría que haber ahorrado cuando quiera dejar de ganar un ingreso: $_____

   (Quince veces su ingreso genera un interés compuesto que permite mantener sus ahorros mientras va retirando de los mismos en su vejez).

» Calculadores de la jubilación, vea el apéndice.

1. Escriba el ingreso que desea tener cuando se jubile.

2. Asegúrese de ajustar los ingresos optativos.

3. Ponga toda suposición en oración.

❏ Entréguele a Jesús su reserva para la vejez.

1. Lea Marcos 14:1-11. El costo para María de Betania fue grande, pero su recompensa fue grandiosa. En todo lugar donde se predicó el evangelio, se conoce la historia de María.

2. Cuando planeen su reserva para la vejez, encomiéndese al Señor y permítale tener toda la soberanía sobre su futuro yo. Reconozca que él es bueno y quiere usar su plan de inversión como muestra de su provisión.

CAPÍTULO 13

INVERTIR LA RESERVA

[El rey] volvió y llamó a los siervos a quienes les había dado
el dinero. Quería saber qué ganancias habían tenido.

LUCAS 19:15

Uno de mis pasajes favoritos de la Biblia es la historia de Gedeón (Jueces 6). Comienza con Gedeón trillando trigo en un lagar. Este es un lugar extraño para trillar, ya que está ubicado en un hueco angosto bajo el suelo donde no llega el viento y es probable que haya poco lugar para hacer el trabajo. El trigo necesitaba ser trillado sobre una gran piedra en el suelo, donde el viento pudiera separar la cascarilla. Pero Gedeón tenía miedo de los opresores madianitas, por eso quería esconder su cosecha de trigo en ese extraño lugar.

Muchos de nosotros terminamos con nuestro dinero de inversión consumiéndose en un lagar. Ya sea por temor a fuerzas hostiles que quieran quitarnos nuestros preciados recursos o porque hemos estado demasiado ocupados para prestar atención. Muchas veces nuestros ahorros para la vejez terminan enterrados bajo el colchón o en una cuenta de ahorros de un banco comercial que da el 0,01% de interés (es decir, en un lagar).

Hablando en forma práctica, no es ideal que los ahorros a largo plazo sean enterrados en un pequeño pozo donde no cumplan ningún servicio útil. En la parábola de los talentos, Jesús ilustra una verdad del reino cuando relata los inconvenientes de un siervo que enterró el dinero de su amo bajo la tierra (Mateo 25:14-30; Lucas 19:11-27).

Dios ha determinado que las comunidades prosperen cuando tomamos nuestros ahorros y los ponemos a trabajar en patios de trillar comunitarios. El propósito de este capítulo es explorar las formas tradicionales, probadas con el tiempo, de ganar una sólida tasa de interés. En el capítulo 14, exploraremos la naturaleza redentora de nuestros ahorros a largo plazo invertidos a lo largo de nuestras vidas.

Los beneficios de la salsa de barbacoa

Me encanta la salsa barbacoa. La carne es solo la excusa para la salsa. Si la carne está jugosa, picante y sabrosa, soy un hombre feliz. Muchos años atrás, mi amigo inmigrante compartió conmigo su salsa de barbacoa casera especial. Cuando la probé, se me iluminaron los ojos y chasqueé los labios.

—¡Esto es increíble! —le dije.

Mi amigo asintió con humildad y, luego, miró a lo lejos.

—Esta salsa es mi pasión. Quiero venderla, pero no he logrado juntar dinero para construir un negocio.

¡Tienes que darle a este hombre capital! pensé. Después de ponerlo en oración, decidí hacer una inversión que lo ayudaría a abrir su negocio. Esperaba beneficiar a mi comunidad de tres maneras:

1. Podríamos disfrutar juntos de mejor comida.

2. Mi amigo tendría un trabajo significativo.

3. Se generaría un negocio que, probablemente, ganaría una buena tasa de interés para otros inversores.

Este triplete de beneficios para la comunidad es como se supone que debe trabajar la inversión. Es un bucle de retroalimentación: así como Dios invierte en nosotros, nosotros invertimos unos en otros. Recibimos dinero de Dios y, luego, en oración, gastamos, damos, ahorramos e invertimos. Al hacerlo, generamos indirectamente más productos y servicios que crean directamente más ingresos, ideas y capital. Es un círculo maravilloso de innovación y provisión.

Lo que anula este bucle es cuando la gente exagera los peligros lejanos o no hace nada por pasividad. En ambos casos, esto hace que el dinero quede estancado en una cuenta personal (es decir, en un lagar), donde se gana poco o ningún interés y no ayuda a nadie. Cuando los ahorristas se quedan encerrados y guardan el dinero en una cuenta de efectivo, la inversión en la comunidad se detiene.

Cómo ganar una tasa de interés alta

La mayoría de los estadounidenses carecen de conocimiento básico sobre la inversión. Como mencioné antes, solo alrededor del 35% de los estadounidenses están financieramente alfabetizados. Otro estudio encontró que solo un 24% de los de la generación del milenio entendían los temas básicos de la inversión[101]. Como cultura, en general, somos ignorantes sobre cómo funciona la inversión.

Hace algunos años, el comediante Will Ferrell se burló de esa falta de conocimiento sobre inversión en una secuencia cómica. Está cavando en el piso de un escenario del estudio, cubierto de tierra. De repente, uno de sus amigos entra y le pregunta qué está haciendo. La conversación es, más o menos, así:

Will: «Enterré aquí un tesoro hace muchos años y ahora lo necesito».

Amigo: «¡Bien! ¿Cuánto es?».

Will extrae un sobre con algo de efectivo y comienza a contar.

Will: «Quinientos... ¿eh?».

Amigo: «¡Oh no! ¿Solo enterraste $500?».

Will: «En 1995, invertí mis $500. A estas alturas, debería tener por lo menos el triple».

Amigo: «Pero... así no funciona la inversión».

Larga pausa.

Will: «Me siento muy mal ahora»[102].

Cuando comenzamos el proceso de ahorrar para la reserva de nuestra vejez, muchos de nosotros, por miedo o simple ignorancia, «enterramos» nuestro dinero en algún lugar, en un esfuerzo por asegurarnos de que no se nos perderá. El lugar más común donde guardamos nuestro dinero es en una cuenta de ahorro con una tasa de alrededor del 0% de intereses.

En la parábola de Jesús sobre los diez siervos, un motivo por el que el amo estaba tan molesto con el tercer siervo era porque se aseguró de no perder el dinero enterrándolo. «¡Siervo perverso! —dijo el rey a gritos—. [...] ¿por qué no depositaste mi dinero en el banco? Al menos hubiera podido obtener algún interés de él» (Lucas 19:22-23).

Aunque suena contradictorio, si uno intenta evitar la pérdida poniendo el dinero en un lugar seguro, en realidad, garantiza una pérdida para sí mismo. Esta pérdida se experimenta en dos formas posibles:

1. La *pérdida de poder adquisitivo* por la inflación, lo que significa que el valor de su inversión original se achica cada año.

2. La pérdida del costo de oportunidad porque se pierde lo que se podría haber ganado con ese dinero enterrado.

El mercado de valores, durante largos períodos de tiempo, ha sido un increíble creador de riqueza, generando en promedio de 8–12% de intereses por año. Esto significa que todo el mundo tiene un elevado costo de oportunidad cuando entierra su dinero. Incluso si no quiere arriesgarse a perder dinero en el mercado de valores o si sus necesidades financieras son por naturaleza de corto plazo, lo cual hace inapropiado el mercado de valores, una cuenta de ahorro en línea le proveerá entre sesenta y ochenta veces más de intereses que una cuenta de ahorro en un banco comercial típico, sin riesgo adicional (ver capítulo 11).

Cuando ponemos nuestros ahorros para la vejez en un lugar que da poco o nada de intereses, perdemos. Cuando invertimos de una manera que gane una tasa saludable de intereses por un período largo de tiempo, aprovechamos el poder del interés compuesto, el cual hace crecer exponencialmente nuestros ahorros (ver capítulo 12).

Esto permite un acceso más económico a la financiación para la creación de productos y servicios. Es un «todos ganan» para el inversor y la comunidad del negocio porque la inversión a largo plazo (más de diez años) es una manera mucho más segura de manejar el dinero que enterrarlo. A veces, cuando la gente se niega a exponer su dinero a un riesgo razonable, está actuando más como el holgazán de Proverbios 22:13, quien, en lugar de salir para servir productivamente a la comunidad, justifica su falta de trabajo diciendo: «¡Hay un león allí afuera! ¡Si salgo, me puede matar!».

Pero ¿cómo funciona en realidad «invertir en el mercado de valores»? Es un camino largo y retorcido, el cual involucra mucha gente y una terminología intimidante. Aquí hay un gráfico del proceso. Cada parte será explicada.

El mejor invento

Cada vez que pregunto a mis alumnos cuál es el mejor invento en los últimos doscientos años, las respuestas más comunes incluyen: teléfonos celulares, antibióticos, computadoras e Internet. Seguiré esperando el día en que alguien conteste: «La Sociedad de Responsabilidad Limitada».

Como lo explica Ron Harris, un profesor de Historia Legal: «Notables observadores contemporáneos, incluyendo los presidentes de las Universidades de Columbia y de Harvard, vieron la Sociedad de Responsabilidad Limitada (SRL) como el más importante descubrimiento individual de los tiempos modernos, más importante que el vapor o la electricidad»[103]. Lo que no se sabe normalmente es que la SRL ha sido la principal catalizadora de casi cada invento moderno durante los últimos doscientos años, incluyendo los teléfonos celulares, los antibióticos, las computadoras e Internet.

Los inventos requieren dinero y la SRL recarga la habilidad de un negocio para reunir fondos permitiéndole formar su propia entidad separada: la sociedad. Una vez que la sociedad es una entidad separada de sus inversores, adquiere plena responsabilidad legal, permitiendo a los inversores comprar acciones fraccionarias de propiedad con riesgo legal limitado. Lo máximo que pueden perder esos *accionistas* en una sociedad es el dinero que invirtieron allí. Antes de las SRL, las oportunidades para invertir en negocios eran escasas y, si uno lograba calificar para participar de una aventura empresarial, estaba expuesto a pérdidas potenciales mayores que su inversión inicial.

Con tan poco como $1, cualquier individuo puede invertir en productos y servicios increíblemente interesantes: autos eléctricos, medicamentos para el cáncer y tecnología de inteligencia artificial. Las SRL también han permitido que los negocios con buenas ideas reciban millones de dólares para empujarlas al mercado con más rapidez. Aunque estos beneficios han ayudado a la sociedad a innovar, también tuvieron un costo. Este *costo de agencia* y otros lados oscuros de las SRL serán explorados en el próximo capítulo.

Agentes y corredores de bolsa

Se ha demostrado que invertir en acciones viene generando una tasa saludable de interés en los últimos ciento cincuenta años. En promedio, usted puede esperar hacer entre un 8% y un 12% por año cuando compra un grupo de acciones de las principales sociedades de los Estados Unidos. Desde 1929, ha habido solo cuatro oportunidades en que el promedio de todas las acciones de los Estados Unidos bajó dos o más años seguidos (solo una vez, durante la Gran Depresión, bajó cuatro años seguidos). Comprar una serie amplia de acciones es una manera probada en el tiempo de sacar provecho del poder del crecimiento exponencial.

Entonces, ¿cómo se compran acciones de la bolsa de mercado? La respuesta corta es que se debe usar una aplicación o sitio en línea de corredor de bolsa para abrir una cuenta. Luego, debe transferir el dinero de su cuenta corriente y generar una orden para que el corredor compre acciones para usted. El corredor hará eso en un mercado donde la gente está comprando y vendiendo esas acciones. Los mercados de valores se encuentran en las ciudades más importantes del mundo y están llenos de agentes (es decir, generadores de mercado o especialistas) que actúan como los casamenteros, y ayudan a los compradores a encontrar vendedores.

Los corredores de bolsa tienen licencias que los habilitan para brindar ese servicio. Estos se conectan con los agentes en el mercado de valores y hacen negocios en su nombre. En el mundo actual, los corredores envían electrónicamente órdenes de compra a los agentes, quienes usan libros de órdenes sofisticados que automáticamente reúnen órdenes de compra con órdenes de venta. En el momento que una orden de compra de un corredor se junta con una orden de venta de otro corredor, ocurre un negocio. El precio acordado entre las dos partes se convierte en el último precio de negocio del mercado.

Tanto los corredores de bolsa como los agentes cobran por sus servicios. Los corredores cobran una *comisión*, los agentes cobran el *diferencial entre compra y venta*. Por ejemplo, si usted abre una cuenta con un corredor y genera una orden para comprar una acción de Home Depot, el corredor buscará el *mercado de valores* donde Home Depot tiene agentes que reúnen activamente vendedores y compradores. Para la mayoría de las sociedades de los Estados Unidos, esta es la Bolsa de Valores de Nueva York (NYSE, por su sigla en inglés: *New York Stock Exchange*).

Este corredor le entrega su orden al agente de Home Depot en la NYSE. El agente de Home Depot reunirá su orden con un corredor diferente que representa una orden de venta de Home Depot. Entonces, su corredor negocia un precio en su nombre con las instrucciones que usted le dio (la mayoría de la gente compra al *precio de mercado* del momento: es decir, una *orden de mercado*).

Si su corredor tiene éxito, se dará el negocio. Usted será oficialmente propietario de una fracción de Home Depot. El corredor cobrará una comisión y el agente ya se habrá cobrado el diferencial entre compra y venta (es decir, el comprador se ve obligado a comprar al precio más alto de demanda y el vendedor se ve obligado a vender al precio más bajo de oferta, el agente se queda con la diferencia).

Ambas tarifas bajaron muchísimo con el tiempo a medida que la tecnología ha permitido que toda esa transacción se realice en segundos mediante el uso de computadoras y algoritmos de negocio. Cuando yo era adolescente, el corredor de bolsa cobraba una comisión de la 9/16 por cualquier negocio que fuera de menos de 100 acciones. Esto significaba que si yo le daba a mi corredor $100 para hacer un negocio, ¡me hubiera cobrado una comisión de $56! Por fortuna, ahora es mucho menos. Gracias a los avances en la tecnología, la mayoría de los corredores cobran una comisión de $0 por sus servicios. La mayoría de las órdenes para los corredores son tan simples que el corredor las encamina automáticamente a una herramienta de plataforma informática interna que realiza el servicio para usted en segundos. El diferencial entre compra y venta (la tarifa del agente) se cobra siempre en cada negocio, pero puede ser apenas centavos en los mercados populares.

La ventaja de un fondo mutual de inversión

Después de abrir una cuenta con un corredor, su primer paso es transferir dinero de su cuenta corriente a la cuenta de su corredor. Una vez que el dinero está con su corredor, puede cursar una orden para comprar una fracción de las acciones de una sociedad. Pero ¿qué acciones debería comprar?

Presidentes de industrias y de universidades se dedican a capacitar gente para elegir acciones que generen una tasa elevada de intereses. Yo estudié la valoración de las acciones durante décadas, y no era raro dedicar cuatro semanas (más de cuarenta horas por semana) a investigar una sociedad antes de generar un informe sobre su valor. Durante ese tiempo, tuve acceso al Director financiero principal (CFO, por su sigla en inglés: *Chief Financial Operator*), es decir, a la más alta información de la industria y a los experimentados veteranos de la inversión.

Es probable que su situación sea diferente. Quizás usted no tiene ni el tiempo ni el deseo de dedicarse al arte y a la ciencia de investigar los mercados de valores. Si yo le dijera que lo hiciera, tal vez, se sentiría como yo cuando tengo que cambiar el aceite de mi automóvil: «Imposible. Mejor le pago a alguien para que lo haga».

Si esto describe su reacción, ¡tiene suerte! Alrededor del año 1924 apareció un gran invento llamado *fondo mutual* que permite que los inversores le paguen a alguien para hacer la minuciosa investigación y elección de mercado para ellos. La tarifa que se cobra se llama *índice de gastos*, y es un porcentaje que saca el fondo mutual de su cuenta cada año (los índices de gastos pueden variar entre el 0,02% y el 2% por año).

Primero, la compañía que patrocina el fondo mutual genera un *pool* de dinero (es decir, un *fondo*) provisto por mucha gente (es decir, una *mutual*). A continuación, ese *pool* de dinero se entrega a un gerente de cartera que hace la investigación de mercado para usted. Los gerentes de cartera tienden a especializarse en cierto tipo de mercados. Por lo general, el nombre del producto del fondo mutual transmite qué tipo de mercado está comprando el gerente de cartera. Por ejemplo, el gerente de cartera para un «fondo de servicios públicos de los Estados Unidos de baja capitalización», está comprando acciones solo en sociedades de servicios de tamaño pequeño en este país.

Productos del fondo mutual

Los productos del fondo mutual son muchos y variados. Se pueden clasificar por *tamaño* (micro, pequeños, medianos y grandes), *tipo de industria* (por ejemplo, cuidado de la salud, tecnología, entre otras) o *estilo* (crecimiento, valor, combinado). El *estilo* se refiere a la filosofía del gerente de cartera de inversiones: un gerente *de crecimiento* se enfoca en compañías relativamente jóvenes cuyas ventas están creciendo con rapidez. Un gerente *de valor* se enfoca en compañías que ya no están en la preferencia del inversor promedio. Su meta es encontrar acciones que den grandes beneficios pero bajo precio, porque los inversores tienen dudas acerca del pronóstico de esos negocios. El crecimiento en comparación con el valor es una «filosofía» de inversión, ya que la gente tiende a gravitar naturalmente hacia una u otra forma de pensar.

Fondos de inversión cotizados

Si usted quiere comprar fracciones de una acción de un fondo mutual, puede abrir una cuenta en un fondo mutual, enviar dinero desde su cuenta corriente y cursar una orden para comprar fracciones en su *pool* de mercados. Eso está bien, pero hay algunos obstáculos que debe sortear. Los fondos mutuales tradicionales tienen muchas clases de acciones que pueden cobrar cargos excesivos (por ejemplo, acciones A, B o C). También hay montos mínimos elevados de inversión para las clases que tienen cargos menores (por ejemplo, fracciones I).

Una manera de rodear este problema es comprar un producto de fondo mutual usando la opción *de fondos de inversión cotizados* (ETF, por su sigla en inglés: *Exchange Traded Funds*). Los ETF son fracciones del fondo mutual que se compran de la misma manera que se compran las acciones. Se inventaron en la década de los noventa para ayudar a las sociedades de fondo mutual a comprar con mayor efectividad todas las acciones que necesitaban para sus productos.

En lugar de un personal interno ordenando miles de fracciones de acciones de sus corredores, una sociedad ETF puede simplemente dar una *lista de compras* a un *participante profesional autorizado*, el cual utilizará tecnología sofisticada y capacidad de negociar para comprar y empaquetar las compañías de la lista de compra como una sola *fracción ETF*. Luego, este producto de fondo mutual emite fracciones de su producto en un mercado de acciones (por lo general, el mercado NYSE Arca) y los clientes pueden comprar su producto por medio de un corredor, como una acción.

Fondos indexados

¿Cómo se puede elegir un buen producto de fondo mutual? En general, por supuesto que es bueno si cobra tarifas más bajas y genera intereses más elevados que los productos de sus competidores, pero la gran mayoría de ellos (entre el 75% y el 90%, según a qué estudio se remita) dan tasas de interés sistemáticamente más bajas que el mercado general de acciones.

En lugar de intentar encontrar aleatoriamente productos con mejor desempeño que el mercado de acciones en general, usted puede «comprar el mercado» eligiendo un producto de fondo mutual que es un *fondo indexado*. Este tipo de fondo compra todas las acciones disponibles en el mercado accionario y esto se conoce como *inversión indexada* o *gestión pasiva*. Se popularizó entre 1990 y el 2000 con la creación del producto de fondo mutual indexado S&P 500, el cual compra todas las acciones de una lista de las principales quinientas compañías de los Estados Unidos, generado por una empresa de calificación financiera llamada S&P Global Ratings. En la actualidad, el producto de fondo mutual más popular en el mundo es el producto indexado de Vanguard, el Total Stock Market Index Fund. Este producto da a cualquier inversor la capacidad de comprar la mayoría de las principales acciones en todo el mundo con solo un 0,02% por año.

PRODUCTOS DE FONDO MUTUAL	
CLASIFICACIÓN	**DESCRIPCIÓN**
Tamaño	Micro, pequeño, medio, grande
Industria	Cuidado de la salud, tecnología, etcétera
Estilo	Crecimiento, valor, combinado

Solo porque los productos indexados o agentes pasivos tienden a desempeñarse mejor que los gerentes de cartera activos, no significa que los gerentes de cartera activos pierden su tiempo. Cerca del 25% de los gerentes de cartera activos superan sistemáticamente a las computadoras. Yo formaba parte de una compañía de inversión que superó a los fondos indexados por décadas. Cuando pasé a enseñar a tiempo completo, sabía que no podría seguir discerniendo cuáles eran los gerentes o las acciones adecuadas, de manera que ahora invierto mayormente de «manera pasiva», principalmente, «comprando el mercado» con productos indexados. Lo hago porque me gustan las tarifas más bajas y la posibilidad de tener mejor desempeño que la mayoría de los otros profesionales (aunque no todos), pero no compro simplemente el producto indexado más popular en el mercado. Primero, presto atención a cómo impactará en la sociedad cualquier producto indexado que adquiero. Esta idea se discutirá en el próximo capítulo.

Obtenga una tasa de interés con ventajas impositivas

Ya sea que trabaje con un corredor para comprar acciones o compre un producto de fondo mutual para que haga el trabajo por usted, por lo general, podrá elegir entre abrir una cuenta imponible o una con ventajas impositivas. Si está ahorrado para su vejez, de seguro querrá abrir una cuenta con ventajas impositivas, ya que estas cuentas son hechas justamente para eso (a menudo son llamadas «cuenta de jubilación»).

Cada vez que una de sus acciones o fondos mutuales generan una ganancia o dividendo, es posible que tenga que pagar impuestos sobre ellos, pero hay una hermosa manera de minimizar ese impuesto. Como hay una crisis en los ahorros para la jubilación, el gobierno de los Estados Unidos ha creado cierto tipo de cuentas de ahorro que están a salvo de impuestos (es decir, cuentas con ventajas impositivas). Las dos principales a disposición son la *401(k)*, correspondiente al plan de ahorro para la jubilación, y las cuentas individuales de jubilación (IRA, por su sigla en inglés: *Individual Retirement Account*).

Una cuenta 401(k) está disponible solo si su empleador le da acceso por medio de su patrocinio. Si es así, sería conveniente que priorice este tipo de cuenta de inversión sobre cualquier otra, ya que a la mayoría de los empleadores se les pide que se «adecuen» a su 401(k), lo que significa que duplicarán cualquier contribución que usted ponga en la cuenta (por lo general, hasta el 3% de su salario).

En cambio, una cuenta IRA está disponible para cualquiera que trabaje, sin importar si su empleador lo patrocina o no. Si tiene menos de dieciocho años, puede abrir una IRA mediante una cuenta bajo custodia. También puede abrir una Roth IRA, la cual tiende a ser más favorable frente a la IRA tradicional porque no tiene que pagar impuestos por los retiros que realiza una vez que llega a la edad de cincuenta y nueve y medio.

Si está invirtiendo para su vejez, querrá proteger de impuestos el crecimiento exponencial de su inversión. Esto puede ocurrir con facilidad si ahorra en una cuenta 401(k) o en una cuenta IRA con ventajas impositivas. Que su reserva para la vejez crezca libre de impuestos significa que torcerá la curva exponencial y la verá crecer más rápido todavía, pero tenga cuidado: bajo la mayoría de las circunstancias, hay penalidades si saca dinero de esas cuentas antes de los cincuenta y nueve años y medio (aunque esta edad y otras reglamentaciones de las cuentas de jubilación están sujetas a cambios). Una de las principales ventajas de una cuenta imponible sobre una cuenta con ventajas impositivas es que los retiros están permitidos antes de los cincuenta y nueve años y medio sin penalidades.

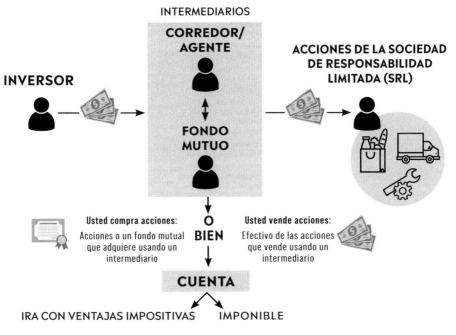

Cómo invertir en el mercado accionario o de valores.

La virtud de lo aburrido

Al invertir, recibirá recomendaciones para hacerse rico sin esfuerzo. ¡Ignórelas! Al poner el dinero de Dios a ganar una sana tasa de interés, debemos enfocarnos en comprar activos que provean productos y servicios útiles para la sociedad. Esto resultará en grandes ganancias en un período largo gracias al interés compuesto, y se alinea con la sabiduría de Proverbios 13:11: «La riqueza lograda de la noche a la mañana pronto desaparece; pero la que es fruto del arduo trabajo aumenta con el tiempo».

Miles de inversores han mantenido una cartera aburrida de acciones que crecieron exponencialmente con el tiempo. También hay miles que colapsaron después de obtener riqueza rápida y entraron en bancarrota financiera y emocional. Este camino a la destrucción es tan transitado que la Biblia advierte: «¡Tengan cuidado con toda clase de avaricia! La vida no se mide por cuánto tienen» (Lucas 12:15).

Evite los atajos financieros. A menudo, perseguir estrategias de riqueza rápida no es más que avaricia encubierta. «La verdadera sumisión a Dios es una gran riqueza [...] cuando uno está contento con lo que tiene. [...] El amor al dinero es la raíz de toda clase de mal; y algunas personas, en su intenso deseo por el dinero, se han desviado de la fe verdadera y se han causado muchas heridas dolorosas» (1 Timoteo 6:6, 10).

EJERCICIOS DE TODO CORAZÓN

¿DÓNDE ESTÁ USTED AHORA?
(Marque cualquier afirmación que corresponda).

En cuanto a ahorros a largo plazo, mi dinero está...

❏ Enterrado.

> » Todos mis ahorros a largo plazo están en efectivo, y pierden valor debido a la inflación.

> » En el pasado, el mercado de valores me fundió; jamás voy a volver a confiar en él.

> » No soportaría ver que fluctúe el valor de mi dinero.

❏ Multiplicándose.

> » Mi dinero está puesto en negocios que proveen una tasa razonable de intereses a largo plazo.

> » Estoy buscando aumentar exponencialmente mis ahorros en un período largo.

> » No voy a entrar en pánico si mi dinero pierde valor a causa de una recesión temporaria del mercado.

¿Cuál es el estado de sus ahorros a largo plazo?

ENTERRADO									MULTIPLICÁNDOSE
1	2	3	4	5	6	7	8	9	10

MULTIPLIQUE SU DINERO

Ver WholeHeartFinances.com/spanish/#home (Apéndice, capítulo 13) para encontrar sitios en línea de utilidad y más detalles sobre cómo completar estos ejercicios.

❏ Abra una cuenta Roth IRA e investigue las opciones de acciones y fondos mutuales que tiene a disposición.

» Una Roth IRA está disponible para cualquiera que tenga dieciocho años en adelante.

» Puede contribuir con hasta $6000 al año mientras tenga ingresos.

» Una vez que empieza a contribuir, considere al dinero como «desaparecido» hasta que cumpla por lo menos cincuenta y nueve años y medio.

» Después de eso, puede cosechar los intereses del crecimiento exponencial libre de impuestos que lo ayudarán a cumplir las metas que Dios ha puesto en su corazón.

❏ Saque pleno provecho del dinero libre de impuestos poniendo hasta el límite de contribución en su 401(k) u otra cuenta patrocinada por el empleador. Es difícil encontrar un mejor interés para el dinero de Dios que el que se da cuando los empleadores duplican su contribución hasta cierto monto.

❏ Decida qué áreas de inversión manejará por su cuenta y para qué partes contratará a un profesional de las finanzas.

CAPÍTULO 14

EL PODER REDENTOR
DE SU RESERVA

*Como un hijo o una hija sabios, procuramos evitar esas estrategias
que dan ventajas a costa del cliente, en cambio, buscamos
oportunidades de obtener ventajas buenas.*

FINNY KURUVILLA

Mientras me preparaba para mi primera entrevista de trabajo a los quince años, me sentía extremadamente nervioso. Mis sabios padres me ayudaron a calmarme y me llevaron a comprar una linda ropa que pudiera impresionar al gerente de Taco Bell. Volví a casa sintiéndome empoderado para enfrentar la entrevista con una camisa almidonada de cuello azul y un lindo par de pantalones. Al ayudarme de este modo mis padres, literalmente, «invirtieron» en mí. La palabra «invertir» viene del griego *investire*, el cual significa «vestir»[104].

Jason Myhre de Eventide Asset Management, explica que esa definición se encuentra muchas veces en la Biblia[105]. En el jardín de Edén, después de que Adán y Eva traicionaron trágicamente a Dios al comer el fruto prohibido, Dios «invirtió» en ellos cuando los cubrió con pieles de animales (Génesis 3:21). En un despliegue mucho mayor del amor de Dios, se dice de nosotros que estamos «revestidos de Cristo» (Gálatas 3:27, RVC) para expresar que Dios generosamente invirtió en nosotros vistiéndonos con la justicia de su amado Hijo. Y, justo antes de que Jesús ascendiera al cielo, pidió a sus discípulos que permanecieran en Jerusalén hasta que fueran «investidos de poder desde lo alto» por medio del Espíritu Santo (Lucas 24:49, RVR60).

En la cultura actual, la palabra *invertir* no evoca imágenes de ropa o vestimenta. Por lo general, pensamos en el mercado de valores, donde gente con traje transfiere dinero a grandes corporaciones para ganar un interés. Aunque esto puede parecer muy diferente de la definición original, en realidad, no lo es. Los inversores siguen invirtiendo en el sentido tradicional, salvo que, en lugar de cubrir el negocio con ropa, lo cubren con dinero (capital) para poder cosechar un producto o servicio para beneficio (o detrimento) de nuestra sociedad.

El lado oscuro de las Sociedades de Responsabilidad Limitada

Como cristianos, ¿estamos haciendo un buen trabajo al «vestir» los negocios con capital de una manera que sirva a su propósito redentor? En este punto, es probable que haya decidido que «comprar el mercado» es la mejor opción para invertir su reserva para la vejez (es decir, el fondo de jubilación), lo que significa que invertirá en un fondo mutual que compra una amplia gama de acciones, como el índice S&P 500.

Esta opción es atractiva, ya que tiene el costo más bajo que cualquier otro producto de fondo mutual, y usted podrá superar a la mayoría de los agentes profesionales del dinero (¡hasta al 90% de ellos!). Antes de que salga a comprar este tipo de producto, sin embargo, también debe considerar cómo puede impactar en su integridad y en nuestro mundo el hecho de que usted posea acciones.

La Sociedad de Responsabilidad Limitada (SRL), a pesar de todas sus ventajas, ha permitido que los accionistas estén menos conectados con el negocio del que son propietarios.

Hay un cierto orgullo en participar y sacar provecho de sociedades que están haciendo grandes productos (por ejemplo, buena comida) y proveyendo servicios esenciales (por ejemplo, atención de la salud). Pero ¿qué pasa si uno o más de estos negocios actúan de una manera que abusa de las convicciones morales de un inversor? Por ejemplo, alguien puede sentir que está mal matar ganado para el consumo de carne y, luego, descubrir que están financiando parte de su jubilación con las ganancias de McDonald's. La integridad del inversor se vería comprometida si no hiciera nada con eso.

Una definición de integridad es «la cualidad o el estado de estar completo o no dividido»[106] *Integridad* viene de la palabra *integer*, como «número entero». Cuando una persona pierde integridad, su corazón está dividido, la persona ya no está entera. Una de las principales consecuencias psicológicas de perder integridad es la erosión gradual del sentido del yo[107]. Muchos inversores hoy están en riesgo de perder su integridad porque se benefician de conductas que consideran moralmente malas.

La Sociedad de Responsabilidad Limitada (SRL), a pesar de todas sus ventajas, ha permitido que los accionistas —que son los verdaderos dueños— corran el riesgo de perder su integridad porque están menos conectados con el negocio del que son, en parte, propietarios. Este es el lado oscuro de las SRL. Aunque resultó maravilloso permitir que una sociedad pudiera convertirse en una entidad legal separada, también generó una cuña entre los gerentes y los verdaderos dueños. Esos gerentes se conocen como *agentes*, ya que deben representar los intereses de los dueños (accionistas).

Sin embargo, eso no siempre sucede. El *costo de agencia* es un fenómeno bien documentado donde los agentes de una sociedad actúan de formas que no respetan los mejores intereses de los dueños. El ejemplo clásico de esto sería un director general que decide usar el avión de la compañía para sus vacaciones familiares (es decir, el agente está usando la propiedad de la sociedad de una manera contraria a la que los dueños de la propiedad querrían).

El potencial de costo de agencia ha crecido exponencialmente en las últimas décadas con la explosión de los fondos de inversión mutuales y las inversiones indexadas[108]. Los inversores que compran acciones en fondos que involucran cientos de sociedades, en general, ni siquiera saben de qué son propietarios. Los dueños de acciones que son cristianos y que tienen claras enseñanzas bíblicas sobre buenos estándares y prácticas de ética que hacen que el mundo prospere pueden, a veces, no saber que sus propios negocios explotan el trabajo y la tierra para obtener beneficios a corto plazo o financian clínicas que practican abortos o productos pornográficos u otros productos o servicios dañinos. Se ha estimado que en uno de los productos de inversión más populares, el 50% de sus 500 sociedades están actuando directamente en contra de valores bíblicos[109].

Experimento mental: Petro-China

Supongamos que usted está tomando una decisión de inversión en el año 2001. Compra un fondo mutual popular que lo expone a acciones alrededor del mundo a bajo costo y le da una tasa de interés potencialmente alto. Por alguna razón casual, decide mirar la lista de todas las acciones que ahora posee como accionista. Ve nombres familiares como: Apple, Starbucks y Walmart. Pero hay un nombre que se destaca: Petro-China.

Cuando comienza a investigar el modelo de negocio de Petro-China, descubre que pagan una tarifa elevada por el derecho a extraer petróleo en diversos países y, luego, lo venden al mejor postor. En el camino, descubre que Petro-China pasa al gobierno islámico sudanés grandes sumas de dinero para hacer las perforaciones petroleras y, a su vez, Sudán usa ese dinero para limpiar el país de cristianos sudaneses del sur valiéndose de asesinos pagados, los milicianos yanyauid.

Después de comprar su producto mundial indexado, ahora enfrenta una cuestión ética: ¿Es moralmente aceptable que posea algunas fracciones de Petro-China? ¿Su propiedad implica algún tipo de responsabilidad ética? Dicho de otra manera, ¿está usted avalando las acciones de Petro-China y del gobierno sudanés al poseer esas fracciones?

Cada vez que planteo a mis alumnos este experimento mental, recibo tres tipos de respuestas. Algunos quieren vender de inmediato el producto indexado porque no quieren beneficiarse de un negocio que está ayudando a financiar un genocidio. Otros estudiantes en seguida defienden su posición como accionistas, sosteniendo que un «accionista secundario» no es responsable de ninguna de las acciones de la firma. Finalmente, algunos estudiantes permanecen impasibles.

Durante el primer año de la invasión de Rusia a Ucrania, cambié el ejemplo para mis estudiantes, de Sudán a Ucrania y me sorprendió descubrir que cualquier apatía entre mis estudiantes desaparecía en el acto. En realidad, ¡todos ellos querían vender sus fracciones de inmediato! Después de que Rusia hizo entrar sus tanques en Ucrania y cometió terribles crímenes de guerra, la mayoría de los consumidores y de los inversores en todo el mundo encontraron maneras de vender todas sus acciones de las sociedades que pertenecían al gobierno ruso.

¿Por qué pasaba eso? ¿Es que la mayoría de la gente tienen una profunda comprensión de que ser un consumidor o accionista significa tener cierta responsabilidad moral? ¿O es solo una reacción exagerada alimentada por los medios de comunicación? Para responder a esta pregunta, es importante entender las implicancias de ser propietario de acciones.

La responsabilidad moral de un accionista

Como mencioné en el capítulo 13, las *acciones* son certificados de propiedad que recibe un inversor a cambio de invertir dinero en una sociedad. Si usted es accionista, es dueño de una empresa. Una vez que la sociedad recibe dinero de los inversores, la sociedad compra *activos* (maquinaria, tierras, propiedades, etcétera). Esos activos entonces son manejados por personal que recibe un salario para que, con suerte, pueda generar beneficios al manejar esos activos. Ese beneficio pertenece exclusivamente a los dueños de las acciones.

Por ejemplo, si un pequeño emprendimiento emergente de limonada recibe $250 de un inversor, la empresa contratará un gerente para que compre una máquina de exprimir limones y los limones. Con esto la empresa espera generar ventas que superen los gastos (es decir, beneficios). Siendo que los accionistas «son dueños» de los beneficios, significa que un accionista es un *dueño residual,* es decir, cada dueño de acciones es, de alguna manera, dueño de la empresa.

Sin embargo, los dueños de acciones a menudo no comprenden del todo que la empresa en la que compraron fracciones en realidad les pertenece. Quizás eso sucede porque un accionista es uno entre otros miles de dueños, de manera que parece que la afirmación de cada propietario individual será demasiado insignificante. Pero eso no es cierto: la propiedad es la propiedad, ya sea grande o pequeña. Los accionistas también reciben pagos regulares de dividendos, los cuales son una evidencia de que los beneficios les pertenecen.

El derecho a los beneficios es la parte más importante de la propiedad de una empresa, pero otra señal clara de que los accionistas son en realidad propietarios es que se les pide que voten sobre asuntos importantes. Los accionistas reciben paquetes de votos en su correo cada trimestre, y votar es ser considerado propietario; dicho de otra manera, poner su voto significa que está ejerciendo ciertos derechos en esa empresa porque es dueño de una parte de ella.

Con sus votos, los accionistas pueden influir sobre quién maneja la sociedad. A su vez, los gerentes deben consultar a sus accionistas antes de tomar decisiones importantes. Si los accionistas permanecen en silencio, los gerentes de la empresa supondrán que los accionistas están de acuerdo con sus acciones, incluso si sus acciones son inmorales. El investigador y comentarista financiero Martin Sandbu llega a la siguiente conclusión: «Puesto que la sociedad actúa en nombre del inversor, el inversor es un coautor del acto injusto y, por lo tanto, moralmente corresponsable del mismo»[110].

Incorporado en la estructura de una Sociedad de Responsabilidad Limitada hay un sistema de rendición de cuentas en que el personal que la maneja debe consultar sistemáticamente a los accionistas, cuyos intereses han sido contratados para representar. Si bien los gerentes consultaron a sus inversores, la mayoría de los cristianos guardaron silencio. Eso significa que los cristianos que eran dueños de acciones de Petro-China mientras la sociedad estaba financiando un genocidio, tienen cierta responsabilidad moral por omisión.

A mis estudiantes a menudo les cuesta aceptar la lógica de ser un «coautor de acciones injustas». Pero hay otra manera de mirar esta situación: los accionistas cristianos tienen una increíble oportunidad para investir bellamente nuestro mundo con capital. Cuando usted tiene un voto como accionista, es admitido en las cortes del poder y de la influencia cultural. Como accionista, tiene el poder para cambiar una política corporativa, abogar por mayor cuidado de la creación, incluso reemplazar al director general del momento. Usted está unido a Cristo, de quien se trata toda la redención.

Timothy Keller, en su excelente libro *Every Good Endeavor* (Toda buena obra), habla sobre cómo los inversores tienen el privilegio de ser guardianes de nuestra cultura:

> [Los jardineros] no dejan el terreno como lo encontraron. Lo reordenan para hacerlo más fructífero, para extraer del suelo las potencialidades de crecimiento y desarrollo. [...] Reorganizan la materia prima de la creación de Dios de tal manera que ayude al mundo en general, y a las personas en particular, a prosperar y a florecer[111].

Al invertir su dinero en el mercado accionario, ¿por qué no esforzarse por usar la reserva para su vejez para producir redención cultural? ¿Por qué no buscar enérgicamente cultivar un bello jardín de tulipanes, rosas y árboles frutales en lugar de dejar pasivamente que otros exploten y desvíen recursos preciosos? De lo contrario, la maleza descuidada ahogará las plantas bellas que traen gloria a Dios. Lo animo a impedir que el mundo maneje su dinero sin la sabiduría y la verdad que usted posee en Cristo.

Nuestra respuesta en tres partes

¿Cómo deberíamos los cristianos responder a la pesada responsabilidad de poseer fracciones de acciones? Una respuesta sería esconder nuestro dinero bajo el colchón, pero como dije en el capítulo anterior, eso significaría una pérdida del dinero de Dios. Creo que hay una forma mejor, una que se hace eco de la respuesta de un hombre llamado John Woolman. Este hombre tenía fuertes convicciones sobre la inmoralidad del tráfico de esclavos y, en un inicio, fue ridiculizado por los propios cuáqueros por su conciencia sensible. Durante la mayor parte de su vida, a mediados de 1700, la iglesia cuáquera se negó a condenar la práctica de tener esclavos. No fue hasta que John Woolman comenzó a reunirse con ellos y a suplicar con ellos en ferviente oración y con paciencia, que la iglesia comenzó a cambiar[112].

Como John Woolman, todos deberíamos esforzarnos por ser sensibles a la forma en que nuestras inversiones impactan en la cultura. Y como Woolman, nuestra primera y mejor respuesta debería ser buscar colectivamente al Señor y, luego, presentar un frente unificado por medio de *activismo de accionistas*. Este término alude a los esfuerzos de los accionistas de unirse para expresar una opinión sobre cómo debería llevar adelante los negocios la corporación de la que son dueños parciales.

> **Cuando usted tiene un voto como accionista, es admitido en las cortes del poder y de la influencia cultural.**

Esto está muy bien y es bueno; pero seamos realistas, ¿quién tiene tiempo para ese esfuerzo? Y si el grupo de accionistas es reducido, ¡puede sentir que es una pérdida de tiempo! Sin embargo, por fortuna, la habilidad para consolidar voces que piensan de la misma manera ha mejorado con el tiempo. En la actualidad, hay un enérgico mercado de productos de inversión cristianos que procuran usar su derecho al voto de accionistas como herramientas para hacer oír la voz de los cristianos (ver WholeHeartFinances. com/spanish/#home [Apéndice, capítulo 14] para más información). Estas firmas financieras están generando productos que son competitivos en todo el mercado accionario a la vez que buscan ser redentores. Los mejores productos de inversión cristianos serán activamente (1) respaldados, (2) comprometidos y (3) excluyentes como parte de su proceso de inversión.

Primera parte: respaldar

Si los productos y servicios de una empresa demuestran claramente amor y compromiso en el servicio a otros, una inversión cristiana puede *dar más peso* a esa empresa comprando un porcentaje mayor de sus acciones y menos acciones de otras empresas que no están demostrando un claro poder redentor. Esto también se conoce como *filtración positiva*.

Por ejemplo, Brown's Super Stores en Filadelfia, Pensilvania, vende comida suburbana de calidad en «desiertos alimentarios» en los barrios pobres; la iniciativa radicada en México, Vinte Viviendas, se está esforzando por asegurar que las familias de bajos y medianos ingresos tengan acceso a viviendas asequibles. Estos son grandes emprendimientos que los cristianos pueden respaldar con mayor participación que la normal para ayudar a influir en la cultura de manera redentora.

Segunda parte: comprometerse

Los accionistas cristianos pueden intentar comunicarse individualmente con los gerentes de las sociedades de las que son propietarios, pero tiene mucho más poder un agente de cartera apoyado por millones de dólares de dinero de un *pool* de inversiones. A medida que los productos de inversiones cristianas reúnen más dólares cristianos, tienen la posibilidad de tener una voz colectiva con más influencia.

Por ejemplo, en el 2015, Hilton anunció que ya no ofrecería más películas pornográficas en sus hoteles, en respuesta a la presión de inversores cristianos[113]. Además, en 1997, un inversor cristiano de General Mills, Chip Kleinbrook, descubrió que parte del dinero corporativo había sido dirigido a Planned Parenthood, un proveedor de servicios de aborto. En lugar de simplemente vender sus acciones de General Mills, Kleinbrook presentó una resolución para cambiar la política de la compañía. Su propuesta recibió suficiente apoyo para ejercer presión sobre la gerencia, y las donaciones para Planned Parenthood se terminaron[114].

Tercera parte: excluir

La manera más tradicional para que un producto de inversión cristiano responda a una empresa que está influyendo en la cultura de manera negativa es sencillamente vender su parte. Esto también se llama *filtración negativa* o *desinversión*. Los modelos de empresa como PlayBoy y MGMResorts nunca permitirán el compromiso de los accionistas cristianos, de manera que simplemente es necesario desinvertir allí.

A veces, es el solo hecho de la amenaza de desinversión lo que genera un compromiso accionario exitoso, pero la desinversión misma también puede conducir al cambio positivo. Por ejemplo, entre el 2004 y el 2007, un fideicomiso cristiano de beneficencia enfrentó a una empresa de publicidad británica en relación con las exhibiciones internacionales de armas que organizaba una de sus divisiones[115]. Después de tres años de enfrentamiento y consecuente desinversión de parte de las acciones (menos del uno por ciento de la propiedad), la firma anunció la venta de su división de exhibición de armas. El fideicomiso de beneficencia volvió a comprar su fracción de las acciones.

FONDOS PARA EL DESARROLLO COMUNITARIO

Mientras que la *inversión redentora* ha sido el tema principal de este capítulo, la *banca redentora* es otro desarrollo interesante que también puede considerar. *Fondos para el desarrollo comunitario* son fondos de inversión que actúan como cuentas de ahorro en línea, pero en lugar de usar sus ahorros para financiar hipotecas o préstamos para vehículos a gente relativamente pudiente en el mundo, esta oportunidad de una banca redentora presta a pequeñas empresas locales que quieren transformar su comunidad. Esos emprendimientos por lo general no tienen acceso a los préstamos tradicionales de los bancos. Vea los ejercicios al final de este capítulo para más información.

❤ EJERCICIOS DE TODO CORAZÓN

¿DÓNDE ESTÁ USTED AHORA?

Como inversor, tiendo a tener conductas...

☐ Apáticas. [Marque cualquier afirmación que corresponda].

» Prefiero no cambiar lo que ya estoy haciendo.

» Potencialmente puedo estar financiando productos o servicios que dañan a la gente, pero no lo sé con seguridad y prefiero no pensar en eso.

» En qué invierto no tiene importancia mientras me rinda ganancias.

☐ Redentoras. [Marque cualquier afirmación que corresponda].

» Quiero sacar el máximo provecho al poder que tengo como inversor para invertir en productos y servicios redentores.

» Quiero tener integridad en todos los asuntos de mi vida, incluyendo la forma en que mis ahorros puedan influir en la cultura.

» Tomo en serio mi responsabilidad de accionista para hacer que se conozcan mis intereses.

¿Cuán redentora es su mentalidad cuando invierte?

NUNCA ME PUSE A PENSAR						BUSCO ACTIVAMENTE QUE LO SEA			
1	2	3	4	5	6	7	8	9	10

EXPLORE INVERSIONES REDENTORAS

Ver WholeHeartFinances.com/spanish/#home (Apéndice, capítulo 14) para tener acceso a instrucciones útiles y enlaces en línea para completar estos ejercicios.

Inversiones actuales y potenciales

❏ Evalúe cómo impacta en la cultura un fondo mutual o de inversión pasándolo por un «filtro cristiano» que lo ayude a discernir si una sociedad o un fondo se alinea con los valores bíblicos o los viola.

Mercado inversor impulsado por la fe

❏ Explore diversos productos de inversión cristiana que están disponibles en la actualidad. Lo ideal es que apoyen activamente buenos emprendimientos, confronten a los que son controvertidos y excluyan a los que no son sensibles al compromiso activo.

1. Fondos mutuales

2. ETF (Fondos de inversión cotizados, ETF por su sigla en inglés)

Una de las maneras de bajar los costos de inversión es elegir versiones ETF de cualquier producto de fondos mutuales cristianos. La participación en acciones ETF suelen tener tasas de costos más bajas.

3. Capital privado y Capital semilla

Participe de comunidades de inversión impulsadas por la fe para encontrar ideas de empresas redentoras.

En definitiva, el producto de inversión que usted elija debería alinearse con sus valores, convicciones, metas, tolerancia de riesgo y situación financiera.

Fondos para el desarrollo comunitario

❏ Explore los fondos de inversión comunitaria.

» Personalmente he puesto una parte de mis ahorros en efectivo en un fondo para el desarrollo comunitario. Este tipo de fondo no está asegurado por la

Corporación Federal de Seguro de Depósitos (FDIC, por su sigla en inglés: Federal Deposit Insurance Corporation), de modo que existe cierto riesgo de pérdida, aunque esto no ha ocurrido hasta ahora. En los pocos años que vengo usando estos fondos, he ganado una tasa más elevada de intereses de lo que ha provisto mi banco en línea.

» Otra limitación es que, probablemente, no pueda acceder tan rápido a su dinero como podría hacerlo en los fondos de un banco en línea, pero depende también del producto. De todos modos, es maravilloso saber que sus ahorros están ayudando a familias marginales a iniciar emprendimientos que sirven a comunidades postergadas.

CAPÍTULO 15

SUEÑE EN GRANDE: GENERE UN PLAN FINANCIERO AL ESTILO DEL MAR DE GALILEA

Si no apuntas a nada, acertarás siempre.

ZIG ZIGLAR

El capítulo 1 introdujo la práctica de la *impronta* que ponemos en nuestros ingresos, la impronta del nuevo ser que somos en Cristo. Ese ha sido un poderoso ejercicio en mi propia vida, ya que me permite actuar de todo corazón cuando decido qué hacer cada vez que recibo dinero.

Sin embargo, no siempre me acuerdo de hacerlo. Recuerdo una ocasión en que terminé de pagar los impuestos y vi que me habían dado un gran reintegro. Salí a correr y me sentí emocionado porque el reintegro era mayor de lo que esperaba. A medida que tomaba velocidad, imaginaba gastar más y más de ese reintegro en todo tipo de proyectos de mejora en mi casa.

Después de algunos kilómetros de soñar despierto, caí en la cuenta de que todavía no había puesto la impronta del Padre en ese reintegro. Mi primer pensamiento fue que un reintegro de impuestos no tenía por qué tener esa impronta. Un profesor de finanzas puede usar lenguaje financiero sofisticado para afirmar que los reintegros no son ingresos del trabajo y, por lo tanto, no deberían ser llamados «primeros frutos» de los cuales podemos ofrendar.

Pero no sentía paz. Aunque no me sentía condenado, tampoco estaba cómodo. Sentía un suave empujoncito, como cuando un padre intenta despertar amablemente a su hijo de una siesta. No fue hasta el noveno kilómetro que finalmente dejé de discutir y levanté la bandera blanca. «Bien, Jesús, permíteme dar un paso atrás y declararme muerto al pecado y vivo en Cristo». Fue en ese momento que se me quitó un enorme peso de los hombros y pude acelerar el paso mientras corría. No me había dado cuenta en realidad qué carga había estado llevando hasta que recuperé la integridad de mi corazón con esa decisión espiritual.

Dane Ortund, en su fantástico libro *Gentle and Lowly* (Manso y humilde), describe la forma en que Jesús intenta ayudarnos de manera gentil: «Cuando Hebreos 5:2 dice que Jesús puede "tratar con paciencia a los ignorantes y descarriados" el punto es que Jesús trata con paciencia y solo con paciencia a todos los pecadores que vienen a él»[116].

En el momento en que descubrí que Jesús no es una persona estricta y disciplinadora y comprendí el maravilloso misterio de cómo obra su generosidad con paciencia para transformarme, cambiaron los deseos de mi corazón. Pasé de pensar: «¿Cuál es *el menor monto que debo dar*, para poder gastar o ahorrar el mayor monto en mi vida?», a pensar: «¿Cuál es el *menor monto que debo ahorrar* para poder dar el mayor monto a lo largo mi vida?». Dicho de otra manera, ahora quería sobresalir en el «acto bondadoso de ofrendar» (2 Corintios 8:7).

¿Cuál es su *Telos*?

Hace tiempo que los teólogos saben que Dios nos creó como seres teleológicos, lo cual significa que siempre estaremos orientados hacia un *telos*. Una meta puede ser tan simple como despertarse a la mañana a determinada hora. Pero el *telos* tiene que ver con *para qué* uno se levanta. ¿Qué lo mueve? ¿La aventura? ¿El poder? ¿La comodidad? James K. A. Smith, en su excelente libro *You Are What You Love* (Uno es lo que ama), dice: «Ser humano es ser *para* algo, dirigido hacia algo, orientado hacia algo»[117].

Hablando en sentido amplio, como cristianos, *nuestro telos es Cristo*. Este es un tipo de «súper» meta que ordena y prioriza todas nuestras otras «sub» metas.

Esto también ha sido confirmado por los psicólogos. Los investigadores James Austin y Jeffrey Vancouver escribieron: «Las metas y las construcciones relacionadas están extendidas en la investigación psicológica y abarcan toda la historia de la Psicología»[118]. Un artículo académico afirma que «procurar las metas personales puede llevar a una vida psicológicamente satisfactoria al proveer de significado y estructura a nuestras actividades y nuestra identidad»[119].

Ya que las metas son parte de nuestro diseño básico, la siguiente pregunta más lógica que hacer sería: ¿Qué metas o *telos* deberíamos tener? Hablando en sentido amplio, como cristianos, *nuestro telos es Cristo*. Este es un tipo de «súper» meta que ordena y prioriza todas nuestras otras «sub» metas. Una meta financiera es un tipo de «sub» meta que deberíamos aprender a priorizar en función de nuestra meta final de parecernos a Cristo y disfrutar de él para siempre.

Antes de priorizar, sin embargo, es conveniente que sepamos qué tipos de metas financieras tenemos a disposición. Aunque hay cientos, llevará solo un momento destacar aquellas que son las más comunes en nuestra cultura estadounidense actual.

Metas de nivel 1: fundacionales

Las metas del **Nivel 1** se consideran *fundacionales*. Si uno no las logra primero, las emergencias inesperadas podrán llevar a deudas futuras.

- Establezca un fondo de emergencia: tres a seis meses de ahorro en efectivo
- Elimine deudas por el automóvil y de consumo
- Pague al contado su próximo vehículo

Metas de nivel 2: de construcción

Las metas del **Nivel 2** *construyen* sobre los logros del nivel 1.

- Reserva para la vejez. Suficientes ahorros en inversión que le permitan mantener su estilo de vida durante sus años de vejez
- Preescolar, primaria, escuela de enseñanza media, universidad, certificaciones, oficios

Metas de nivel 3: optativas

Las metas de **Nivel 3** son *optativas*, pero relevantes si Jesús le da el deseo de lograrlas como un canal para su gloria.

- Viajes

- 20% de anticipo por una casa

- Mejoras de la casa: renovaciones, ampliaciones, reparaciones

- Celebraciones: bodas, graduaciones, aniversarios, cumpleaños, logros especiales

- Donaciones: por discapacidad, por padres ancianos, cuidados de larga duración

- Segunda casa: de montaña o playa, cercana a la familia, internacional

- Vehículos recreativos: velero, casa rodante, cámper

- Emprendimientos económicos

- Dejar un legado: ayudar a los hijos a comprarse la casa, ayudar a los nietos a estudiar en la universidad, potenciar esfuerzos del ministerio

Dos paradigmas de establecimiento de metas financieras

Espero que la idea de lograr algunas de estas metas financieras lo entusiasme. En cuanto a lograr una meta, hay dos paradigmas o patrones de pensamiento diferentes. La primera es cuando una persona establece una meta y, luego, mide su éxito en función de si la meta se logró. Este es un enfoque en *el destino*. El segundo paradigma es ver las metas como *brújulas*.

1. Metas como destino

Si yo tuviera la meta de ahorrar $5000 para un fondo de emergencia, un enfoque de destino, no me consideraría exitoso si tuviera menos de eso en mi cuenta. De igual manera, si mi meta fuera tener un GPA (por sus siglas en inglés: *Grade Point Average*, es decir, promedio de rendimiento académico) de 4.0, me sentiría fracasado si obtengo un 3.8.

Se ha demostrado que el paradigma de meta como destino lleva a menor bienestar psicológico[120] porque lograr la mayoría de esas metas no está del todo bajo nuestro control. Y, aunque no tengamos todo el control, lo irónico es que, a menudo, nos sentimos avergonzados cuando no logramos la meta destino.

Por otro lado, la gente que no está logrando sus metas puede considerar que otros «se meten en su camino» e intentar manipularlos para obtener los resultados deseados. Por ejemplo, si su esposa sigue gastando mucho en mercadería cada mes y usted tiene una meta preciosa de ahorrar el 10% de su salario, usted quizás comienza a manipularla con amenazas, palabras hirientes o una dieta de arroz y frijoles.

Otra razón por la que la meta como destino no es psicológicamente satisfactoria es la desorientación y el vacío que siente la persona después de lograr sus metas, lo que lleva a la pregunta: ¿Y ahora qué? Por ejemplo, cuando estaba procurando obtener mi doctorado, era muy fácil quedar preso de la idea de que la vida sería una permanente utopía si lograba pasar los extensos exámenes y defender con éxito mi disertación. Pero, como muchas personas me advirtieron, casi nada cambió después de que recibí mi diploma. Continuaba siendo la misma persona con las mismas luchas y emociones.

2. Las metas como una brújula

La vida es un viaje. Pero si viajamos sin una brújula, no sabemos en realidad dónde estamos yendo y todo es más confuso. Cada vez que estoy de caminata en un bosque denso, es muy útil tener una brújula y saber la dirección que debo tomar. Una brújula actúa como un guía objetivo y me permite relajarme un poco, confiriendo estructura a lo que estoy haciendo, pero incluso con una brújula, tengo que caminar yo mismo, cruzar valientemente los ríos y estar atento a los osos.

Con el paradigma de la brújula, las metas nos dan una dirección pero nuestro foco final no está en el destino. Más bien, lo que en realidad importa es el proceso mientras seguimos adelante hacia la meta. Y dado que los procesos del día a día son algo que podemos controlar en su mayor parte, los psicólogos han encontrado que el establecimiento de metas orientadas al proceso llevan a mayor bienestar psicológico[121].

Por ejemplo, ponerse como meta ahorrar $5000 para un fondo de emergencia puede dirigirlo a ahorrar, pero su foco estará en el proceso del ahorro mismo. Sus pensamientos estarán en crear el proceso más placentero y sustentable posible mientras busca gastar menos de lo que gana sobre una base diaria. Cuanto más placentero sea su hábito de observar y hacer un seguimiento de sus gastos (ver capítulo 4), más probable es que llegue a la meta de destino de ahorrar $5000.

Como mi hábito diario de hacer un seguimiento a los ingresos y a los gastos está entrelazado con pasar tiempo con Jesús, lo disfruto inmensamente. Es un tiempo en que llego a estar agradecido en verdad por cómo ha provisto claramente mi pan de cada día. Cada vez que pongo el foco en una acción orientada al proceso que puedo controlar y lograr con facilidad —como dedicarle tres minutos por día a hacer un seguimiento de mis gastos—, es más probable que también logre mis metas financieras.

Al tener una manera de pensar orientada a los procesos, nunca pensaríamos en matarnos de hambre o manipular a nuestros seres queridos para lograr metas financieras, ya que esperamos que nuestro proceso sea edificante y sustentable. ¿De qué sirve perder diez kilos en una dieta extrema, solo para volver a subirlos? De la misma manera, ¿de qué sirve ahorrar para un fondo de emergencia mediante fuerza bruta, solo para aflojar y, finalmente, perderlo gastando en exceso?

Su prioridad financiera final

Entonces, ¿cómo puede *disfrutar* el proceso de hacer un plan financiero para su vida? Dicho de otro modo, una vez que identifica sus metas financieras, ¿cómo enfoca el *proceso* de lograrlas en lugar de obsesionarse con lograrlas sin importar el costo?

La respuesta está en discernir su prioridad financiera final (es decir, el *telos* financiero). Es un tipo de meta *superior* que provee estructura y sentido a todas sus metas *subordinadas* de base (por ejemplo, pagar la deuda de la tarjeta de crédito).

Tener una meta superior abarcadora mientras se llevan a cabo metas subordinadas, ha demostrado potenciar la habilidad de lograr metas y disfrutar del proceso. Una meta superior conecta su conducta con su identidad ideal, lo cual provee un elevado nivel de motivación para lograr todas sus metas.

Los estudios también han demostrado que tener una meta superior puede aumentar la importancia de las metas tradicionales e incrementar el autocontrol y la flexibilidad[122]. Por ejemplo, si su meta es construir una silla, puede elevar su motivación conectándolo con su deseo de ser una persona amorosa que asegura que los demás estén bien cuidados. La meta subordinada es construir la silla, la meta superior es amar a los demás.

Si no identifica sus metas superiores, es probable que esté menos motivado para lograr sus metas financieras. A continuación, le presento dos de las metas superiores más comunes que he visto en otros cuando tienen el corazón dividido respecto a las finanzas y otra tercera meta superior que se alinea con la práctica de las finanzas de todo corazón.

Meta superior 1: la seguridad

Bajo una prioridad en la *seguridad*, su meta es que el dinero lo haga sentirse seguro y en control. Cuanto más grande sea su cuenta bancaria, más seguro se siente. Como el dinero nos saca de los peligros de la pobreza, a menudo pensamos que puede sacarnos de todos los peligros. ¿Tiene miedo de perder la salud? El dinero puede comprar el mejor servicio de salud. ¿Tiene miedo de perder su hermosa casa? El dinero puede garantizar que jamás tenga que renunciar a ella. ¿Tiene miedo de que le roben o lo asalten? El dinero puede proveerle cercas, muros y seguridad personal. ¿Tiene miedo de estar solo o ser infértil? El dinero puede comprarle amigos, citas románticas y hasta hijos.

> La acumulación de riqueza [...] es un «falso lugar de descanso».
>
> Heather Brown Holleman, *Seated with Christ* (Sentados con Cristo)

Meta superior 2: el placer

Bajo la prioridad de *tener placer*, su meta es que el dinero lo haga sentirse bien y lo ayude a disfrutar la vida. Tener dinero es como tener acceso a un balneario de lujo. Cuanto más grande es su cuenta bancaria, más puede disfrutar de la mejor vida, la buena comida y las cosas bellas. Y si las cosas materiales no son importantes para usted, pero las experiencias sí lo son, el dinero lo ayudará a darse el gusto de pasar el día en las playas de Hawái o en las cumbres de los Alpes suizos.

Meta subordinada 3: sobresalir en dar

Con una prioridad de *sobresalir en dar*, su meta es tener suficiente dinero para compartir generosamente con otros. Al hacerlo, imita a Jesucristo. Aunque le interesa profundamente la seguridad y el

> Nosotros, quienes hemos recibido del río de placeres de Dios, debemos pasarlos a otros.
>
> Leanne Payne, *Listening Prayer* (Oración de escucha)

consuelo entiende que eso no se adquiere por tener grandes cuentas bancarias. Dios mismo es la única fuente de verdadera seguridad (Salmo 46:1) y consuelo (2 Corintios 1:3). Como Cristo ya le ha dado todo lo que es importante y permanente, cuanto más grande sea su cuenta bancaria, más reunirá a otros a su alrededor para compartir con ellos su buena suerte.

> Llevar una vida habitual de hospitalidad radical nos deja con suficiente para compartir porque vivimos intencionadamente por debajo de nuestros medios.
>
> Rosaria Butterfield,
> *The Gospel Comes with a House Key* [El evangelio viene con la llave de la casa]

Al tener la prioridad de sobresalir en dar, de seguro se alegrará como el rey David después de que reunió a los israelitas para que donaran sus tesoros para la construcción del templo, diciendo: «¿Pero quién soy yo, y quién es mi pueblo, para que podamos darte algo a ti? ¡Todo lo que tenemos ha venido de ti, y te damos solo lo que tú primero nos diste!» (1 Crónicas 29:14).

Si esta es su prioridad, gastar y ahorrar son herramientas que lo ayudarán a maximizar el nivel de lo que da en forma sostenida y a ejercer una hospitalidad radical con sus vecinos y amigos. Como el mar de Galilea, procurará mantener una salida de generosidad tan ancha y saludable como sea posible. Utilizará las herramientas de planeación financiera para ser un dador más generoso y más sustentable. Tener un fondo de emergencia y una reserva para la vejez lo ayudará a evitar deudas futuras y le asegurará que pueda dar generosamente durante todas las etapas de la vida.

Promesas que no fallan

Una mañana estaba en la playa orando, y el Señor me puso en el corazón ofrendar más de lo que me correspondía, por lo menos según mi plan financiero. Luché por un rato, empleando grandes argumentos acerca de la «responsabilidad» y la «mayordomía». Pero, al final, entregué mis planes al Señor y terminé dando más de lo que «me correspondía». Después de hacerlo, un gran soplo de alivio invadió mi corazón. Fue un verdadero momento de *finanzas de todo corazón*.

Ya sea que me ajuste a ellos o no, me encanta el proceso de hacer planes financieros con Jesús. Estoy unido a él en su muerte y su resurrección. Usted también puede relajarse al hacer sus propios planes financieros, porque la Biblia promete que cuando pone todo su corazón ante Jesús, Dios lo inundará de su misericordiosa generosidad:

> *Si Dios no se guardó ni a su propio Hijo, sino que lo entregó por todos nosotros, ¿no nos dará también todo lo demás?*
>
> ROMANOS 8:32

> *Ustedes, los que son padres, si sus hijos les piden un pescado, ¿les dan una serpiente en su lugar? O si les piden un huevo, ¿les dan un escorpión? ¡Claro que no! Así que si ustedes, gente pecadora, saben dar buenos regalos a sus hijos, cuánto más su Padre celestial dará el Espíritu Santo a quienes lo pidan.*
>
> LUCAS 11:11-13

> *¿Y por qué preocuparse por la ropa? Miren cómo crecen los lirios del campo. No trabajan ni cosen su ropa; sin embargo, ni Salomón con toda su gloria se vistió tan hermoso como ellos. Si Dios cuida de manera tan maravillosa a las flores silvestres que hoy están y mañana se echan al fuego, tengan por seguro que cuidará de ustedes. ¿Por qué tienen tan poca fe? Así que no se preocupen por todo eso diciendo: «¿Qué comeremos?, ¿qué beberemos?, ¿qué ropa nos pondremos?». Esas cosas dominan el pensamiento de los incrédulos, pero su Padre celestial ya conoce todas sus necesidades. Busquen el reino de Dios por encima de todo lo demás y lleven una vida justa, y él les dará todo lo que necesiten.*
>
> MATEO 6:28-33

Tómese en serio estas promesas mientras elabora su propio plan financiero para alcanzar las metas fundacionales del nivel 1, avanzar hacia los objetivos del nivel 2 y optar por las metas del nivel 3 que le generan gozo y glorifican a Dios. Mientras gasta, hace un seguimiento, ahorra, da e invierte, recuerde que el concepto de finanzas de todo corazón es un proceso, no un destino. Téngase mucha misericordia cuando experimenta retrocesos o comete errores, sabiendo que «Dios hace que todas las cosas cooperen para el bien de quienes lo aman».

EJERCICIOS DE TODO CORAZÓN

PRACTIQUE CENTRAR SUS ORACIONES

☐ Antes de hacer su plan financiero, sumérjase por completo en la oración centradora del capítulo 2.

1. **Jesús está sobre mí:** *Recibo a Jesús, al Espíritu Santo y todas las dulces provisiones materiales de Dios. Recibo más de lo que jamás imaginé.*

2. **Jesús está debajo de mí:** *La naturaleza providencial de Dios, quien se manifestó al darnos a Jesús y al Espíritu Santo, me ha plantado en el suelo profundo de su reino. Como hijo adoptivo, estoy verdaderamente arraigado en la casa de Dios y he sido transformado para tener el mismo corazón generoso que el Padre.*

3. **Jesús me rodea:** *Jesús está en su trono, usando a su pueblo en un gran plan para redimir toda la creación. Por medio de su adopción, estoy conectado con su reino y con los ciudadanos de su reino, mis hermanos y hermanas en Cristo.*

4. **Jesús está en mí:** *Estoy en Cristo y entusiasmado por hacer su obra con ayuda del Espíritu Santo. Estoy llamado al mundo para ser generoso con lo que el Padre me ha dado: el Hijo, el Espíritu, mi dinero, mi tiempo y mis talentos. Lo hago en respuesta al amor de Dios y con un corazón alegre. Usaré las herramientas que permiten la planeación financiera personal para generar un estilo de vida más sustentable y generoso.*

IDENTIFIQUE SUS METAS FINANCIERAS

Al llevar adelante un buen plan de gastos, aflorará un margen financiero, el cual le permitirá crear un plan financiero general que cubra vehículos, educación, vivienda y sostén para la vejez.

Los ejercicios que siguen lo ayudarán a identificar sus metas, proveyéndole una brújula útil mientras sueña en grande y arma un modelo financiero mar de Galilea. Recuerde pensar en el proceso que será necesario para lograr esas metas. Para más información sobre cómo conectar un proceso con una meta, recomiendo el libro *Hábitos atómicos* de James Clear.

❏ Identifique sus metas financieras de nivel 1, 2 y 3.

Metas nivel 1: _____

Metas nivel 2: _____

Metas nivel 3: _____

❏ Escriba a qué tipo de meta superior (prioritaria o *telos*) quiere apuntar cuando genere su plan financiero.

Mi meta superior: _____

❏ Dedique tiempo con Jesús pidiéndole que le revele cómo lo ayudarán esas metas financieras a amarlo de manera más profunda, sabiendo que lo creó a propósito con ciertos dones y pasiones, y lo plantó en una comunidad específica. Diga en oración el Salmo 139:23-24 mientras le consulta al Señor acerca de sus metas financieras:

> *Examíname, oh Dios, y conoce mi corazón;*
> *pruébame y conoce los pensamientos que me inquietan.*
> *Señálame cualquier cosa en mí que te ofenda*
> *y guíame por el camino de la vida eterna.*

SU MODELO FINANCIERO MAR DE GALILEA

Este ejercicio lo ayudará a evaluar su vida financiera usando como marco el mar de Galilea, mediante el cual respondemos a los generosos dones del Padre para con nosotros (Jesús, el Espíritu Santo, nuestro tiempo, nuestros talentos y nuestro tesoro) sobresaliendo en el dar.

❑ Hasta donde usted sepa, registre su entrada neta (ingresos) y, luego, determine cuánto se fue en pagar las cuentas, dar y ahorrar. A continuación, asigne lo que sobra como su monto de consumo.

INSTANTÁNEA FINANCIERA DEL AÑO PASADO

INGRESOS NETOS (DESPUÉS DE LOS IMPUESTOS)	$_____	100%
DEUDAS	$_____	(_____)%
DONACIONES	$_____	(_____)%
AHORROS	$_____	(_____)%
CONSUMO SEGÚN ESTILO DE VIDA	$_____	(_____)%

❑ Considerando el modelo de plan financiero cristiano presentado en el capítulo 2, pídale al Espíritu Santo que lo ayude a identificar qué porcentajes querría tener en cada categoría durante los próximos dos, diez y treinta años.

CATEGORIA	EN DOS AÑOS	EN DIEZ AÑOS	EN TREINTA AÑOS
INGRESOS NETOS (DESPUÉS DE LOS IMPUESTOS)	100%	100%	100%
DEUDAS	(_____)%	(_____)%	(_____)%
DONACIONES	(_____)%	(_____)%	(_____)%
AHORRO	(_____)%	(_____)%	(_____)%
CONSUMO SEGÚN ESTILO DE VIDA	(_____)%	(_____)%	(_____)%

PRÓXIMOS PASOS

❏ Identifique los pasos que lo ayudarán a cumplir su modelo financiero mar de Galilea sobre los próximos diez a treinta años. Abajo se enumeran algunas posibilidades.

1. Ponga la impronta de su nuevo ser en Cristo en sus ingresos, por amor al Padre (capítulo 1).

2. Haga la oración centradora para reconocer y recibir el papel de la Trinidad en su vida financiera (capítulo 2).

3. Determine un sistema para dar (capítulo 3).

4. Ponga en marcha un plan de seguimiento (capítulo 4).

5. Separe dinero en sobres virtuales para los gastos según su estilo de vida (capítulo 5).

6. Dé pasos para tener vehículo y vivienda propios (capítulo 6).

7. Determine su personalidad monetaria y tome consciencia de las tendencias no saludables (capítulo 7).

8. Construya un fondo de emergencia de tres meses para evitar futuras deudas (capítulo 8).

9. Hágase crediticiamente visible y apunte a pertenecer al Club de los 800 (capítulo 9).

10. Salde todas las deudas de consumo (capítulo 10).

11. Abra una cuenta de ahorro en línea (capítulo 11).

12. Comience a reunir una reserva para la vejez (capítulo 12).

13. Abra una cuenta de inversión con ventajas impositivas y consúltele al Señor en oración acerca de cuánto aportar y la posibilidad de maximizar el aporte 401(k) de su empleador (si se aplica) y entregue por completo cualquier ahorro al Señor y sus propósitos (capítulo 13).

14. Elija productos de inversiones redentoras (capítulo 14).

* _____

* _____

15. Reúnase con un profesional financiero que tenga el conocimiento, las herramientas y el tiempo para ayudarlo a lograr las metas que ha identificado. Ver WholeHeartFinances.com/spanish/#home (Apéndice, capítulo 15) para conocer una lista abarcadora de los tipos de profesionales financieros con quienes pueda reunirse.

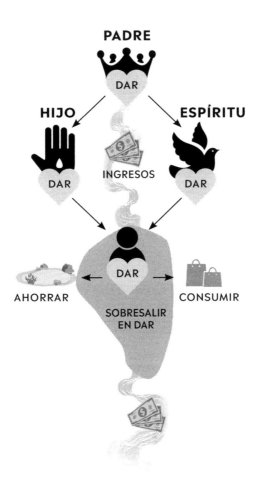

Modelo financiero mar de Galilea

PENSAMIENTOS FINALES

Finalmente sé qué distingue al hombre de las otras bestias:
las preocupaciones financieras.

JULES RENARD

Un mañana temprano mientras hacía el seguimiento de mis gastos, me llamó la atención un gasto de $120 de mantenimiento de vehículo en el resumen de mi tarjeta de crédito. Categoricé el gasto como «CCC» (sigla del inglés: *Creeping Car Crud* [Cualquier enfermedad que pueda contraer mi coche]) y expresé en oración mi gozo por la provisión del Señor: «Gracias, Señor, porque puedo pagar esta cuenta, la cual me permite seguir conduciendo mi vehículo. Qué maravillosa es tu provisión para el transporte, la cual ayer me permitió ir a hacer surf antes del trabajo. El olor y el sabor del agua salada todavía perduran en mí».

Y eso me llevó al Salmo 34:

> Prueben y vean que el Señor es bueno;
> ¡qué alegría para los que se refugian en él!
> Teman al Señor, ustedes los de su pueblo santo,
> pues los que le temen tendrán todo lo que necesitan.
> Hasta los leones jóvenes y fuertes a veces pasan hambre,
> *pero a los que confían en el Señor no les faltará ningún bien.*
>
> SALMO 34:8-10

El versículo 10 es un pasaje sorprendente y potencialmente alarmante: «¿No les faltará ningún bien?». He trabajado en barrios marginales y otras áreas empobrecidas y he visto mucha gente con fe firme a quienes en definitiva les faltaban cosas buenas: ropa, comida, cuidados de la salud y, sí, finanzas.

Mientras luchaba por entender este versículo, me llamó la atención la referencia a los leones. ¿Por qué hablar de los leones jóvenes? Lo que encontré en el comentario clásico de Alexander Maclaren fue una hermosa descripción de la actitud que debemos tener cuando manejamos nuestras finanzas:

«Hasta los leones jóvenes y fuertes a veces pasan hambre». Son vistos como el modelo de esfuerzo y lucha violenta, así como de fuerza extrema, pero, a pesar de sus colmillos y mandíbulas y de su ágil salto, «a veces pasan hambre». La idea es que las personas cuyas vidas son una larga lucha por apropiarse cada vez más de bienes externos, viven un tipo de vida que es más adecuada para las bestias que para los hombres. [...]

Una de las más grandes obras de ficción de los tiempos modernos termina, o prácticamente termina, con una afirmación como esta: «¡Ah! ¿quién de nosotros tiene lo que anhelaba, o teniéndolo, está satisfecho?». «Hasta los leones jóvenes y fuertes a veces pasan hambre —y la lucha siempre fracasa— pero a los que confían en el Señor no les faltará ningún bien»[123].

Incluso el león, el rey de las bestias con toda su fuerza, a veces pasa hambre y carencias. Si decidimos ser los reyes de nuestra propia vida, obteniendo el poder y la fuerza que nos da la riqueza, también estamos destinados a sufrir hambre y carencias. Al excluir a Jesús y decidir que debemos luchar por nuestra propia supervivencia, nos parecemos a las bestias, las cuales confían en su propia fuerza, y terminamos sucumbiendo a nuestras limitaciones.

Al experimentar la bondad de Jesús, respondamos creciendo en nuestra habilidad para usar los ahorros y los planes de gasto para sobresalir en dar a otros.

Pero aquellos que buscan al Señor no tienen necesidad de actuar como una bestia. Las bestias están solas en sus luchas, confían en sus mandíbulas y en su fuerza para sobrevivir. Pero no estamos solos. No somos como el león que es, en definitiva, responsable de cuidar de sí mismo y su manada. Tomando la imagen de *Las Crónicas de Narnia*, tenemos a Aslan

(Jesús), el principal león de los leones, para guiarnos y ayudarnos. No solo lo tenemos, ¡sino que estamos en él!

Y esta unión es a la vez material y espiritual. Jesús no es una persona que desprecia nuestra necesidad de cosas materiales y de dinero o que nos dice de inmediato que «vendamos todo». En lugar de eso, es humilde y bondadoso y hasta tiene preferencias materiales él mismo (¡Como el queso de cabra!... ¡probablemente!). Podemos confiar en que el inventor de las finanzas tiene un muy buen consejo, está lleno de gracia y espera que confiemos en él.

Si entramos solos al mundo de las finanzas, estamos dividiendo nuestro corazón. En lugar de eso, podemos entrar *de todo corazón*, con Jesús en el centro, no olvidando nunca que la verdadera satisfacción se halla solo en «probar y ver que el Señor es bueno».

Al experimentar la bondad de Jesús, respondamos creciendo en nuestra habilidad para usar los ahorros y los planes de gasto para sobresalir en dar a otros. No nos sometamos nunca a la tentación de vernos a nosotros mismos solos en nuestra suerte financiera, recorriendo la tierra frenéticamente con mentalidad de carencia. Debemos temer al Señor más que a las finanzas, y maravillarnos de cómo esa mentalidad nos pone en una posición donde «no nos faltará ningún bien». Como lo expresó Agustín de Hipona, en *La Ciudad de Dios*:

> Dios mismo, que es el Autor de la virtud, será nuestro resguardo. Como no hay nada más grande ni mejor que Dios mismo, Dios nos ha prometido a sí mismo. [...] Dios es el fin de todos nuestros deseos, a quien veremos sin fin, amaremos sin empalagarnos, y alabaremos sin cansarnos[124].

Como nos preocupan tanto nuestras finanzas, son una autopista a nuestro corazón. Oro para que le permita a Jesús pleno acceso a su corazón. Él le traerá un nuevo despertar mientras disfruta y adora al Señor por medio de la administración de sus finanzas. También oro para que pueda responder a la increíble generosidad de Dios con un fuerte *telos* de sobresalir en la gracia de dar y, al hacerlo, glorificar a Jesús.

RECONOCIMIENTOS

Estoy agradecido con Gary Lindblad y Davew Bourgeois de la Crowell School of Business por apoyar plenamente mis esfuerzos por desarrollar el contenido de este libro, al empoderarme para construir una planeación financiera integrada bíblicamente y programas de consejería financiera en la Universidad de Biola.

Fue un placer trabajar con Anisa Larramore, Lynnette Pennings, John Ribeiro, Cristalle Kishi, Sam Michel y Sergio Urquiza del equipo de Rose Publishing. Muchas gracias por su estímulo y su habilidad al participar de este proyecto. Gracias a Wes Wasson por proveer un hermoso lugar para que pudiera retirarme a escribir.

Lo más importante es que estoy agradecido a mi esposa, Tammy, quien a menudo hizo como viento en mis velas de escritor con gran entusiasmo y apoyo, y con mis hijos, Sage y Silas, quienes me enseñan tanto del amor de Dios, que siento que debo escribir sobre lo que aprendo de ellos.

NOTAS

Introducción

1   Sarah Newcomb, *Loaded: Money, Psychology, and How to Get Ahead without Leaving Your Values Behind* [Dinero, psicología y cómo salir adelante sin dejar atrás sus valores] (Hoboken, Nueva Jersey: Wiley, 2016), 36.

2   Adam Grant, *Give and Take* (Nueva York: Penguin, 2013), 53. Publicado en español como *Dar y recibir: Un enfoque revolucionario sobre el éxito*.

3   Mateo 19:16-22; Marcos 10:17-27; Lucas 18:18-30.

Primera parte: Acérquese de todo corazón: Invite a Jesús a su vida financiera

Capítulo 1: La pregunta más peligrosa

4   Key & Peele, «God Visits a Prayer Group» [Dios está presente en un grupo de oración], 11 de febrero del 2021, 1:26, YouTube, https:// youtu.be/asnQGz7Bdfl.

5   Gracias, Mike Eerie, por proveer esta ilustración en el sermón.

6   Alexandria White, «73% of Americans Rank Their Finances as the N.º 1 Stress in Life, according to New Capital One CreditWise Survey» [El 73% de los norteamericanos califican sus finanzas como el principal estrés de su vida, según una investigación de New Capital One CreditWise], *CNBC Select*, actualizado el 29 de diciembre del 2022, https://www.cnbc.com /select/73-percent-of-americans-rank-finances-as-the-number-one-stress-in-life/.

7   Kathleen Raine, «Worry about Money» [La preocupación por el dinero], *The Pythoness and Other Poems* [La pitonisa y otros poemas] (Londres: Hamish Hamilton, 1949), 24.

8   Editores de Goop, «Are You Struggling with Financial PTSD?» [¿Está luchando con el trastorno de estrés postraumático financiero?], Goop, 26 de abril del 2018, https://goop .com/wellness/career-money/are-you-struggling-with-financial-ptsd/.

9   Shane Enete, «Three Essays on the Relationship between Emotions and Financial Resources» [Tres ensayos sobre la relación entre las emociones y los recursos financieros], resumen (tesis doctoral, Kansas State University, 2020), *Kansas State University*, https:// krex.k-state.edu/bitstream/handle/2097/40877/ShaneEnete2020.pdf?sequence=3.

10 Megan Leonhardt, «41% of Americans Would Be Able to Cover a $1000 Emergency with Savings» [El 41% de los norteamericanos podría cubrir una emergencia de $1000 con sus ahorros], *CNBC Make It*, 22 de enero del 2020, https://www.cnbc .com/2020/01/21/41-percent-of-americans-would-be-able-to-cover-1000-dollar- emergency-with-savings.html.

11 Lane Gillespie, «Average American Debt Statistics» [Datos estadísticos de la deuda promedio de los norteamericanos], *Bankrate*, 13 de enero del 2023, https://www .bankrate.com/personal-finance/debt/average-american-debt/.

12 Jing Jian Xiao y Kyoung Tae Kim, «The Able Worry More? Debt Delinquency, Financial Capability and Financial Stress» [¿Se preocupan menos las personas hábiles? Morosidad de la deuda, capacidad financiera y estrés financiero], *Journal of Family and Economic Issues* 43, n.º 1 (6 de mayo del 2021): 138–152, *Springer Link*: https://doi.org/10.1007 /s10834-021-09767-3; Elizabeth C. Martin y Rachel E. Dwyer, «Financial Stress, Race, and Student Debt during the Great Recession» [Estrés financiero, raza y deuda estudiantil

durante la Gran Recesión], *Social Currents* 8, n.º 5 (23 de julio del 2021): 424–445, *Sage Journals*: https://doi.org/10.1177/23294965211026692.

13   Audra R. Sherwood, «Differences in Financial Literacy across Generations» [Diferencias en la alfabetización financiera a través de las generaciones], resumen (tesis doctoral, Walden University, 2020), *Walden University*, https://scholarworks.waldenu.edu/dissertations/8984/.

14   Para una discusión más completa, ver Barry Schwartz, *The Paradox of Choice: Why More Is Less* (Nueva York: Ecco, 2004). Publicado en español como *Por qué más es menos: la tiranía de la abundancia.*

15   Graeme Wood, «Secret Fears of the Super-Rich» [Miedos secretos de los superricos], *The Atlantic*, abril del 2011, https://www.theatlantic.com/magazine/archive/2011/04/secret-fears-of-the-super-rich/308419/.

Capítulo 2: La sabiduría del mar de Galilea

16   Fred Sanders, *The Deep Things of God: How the Trinity Changes Everything* (Wheaton, IL: Crossway, 2017), 106. Publicado en español como *Las Profundidades de Dios: Cómo la Trinidad cambia todo.*

17   *Thayer's Greek Lexicon*, s. v. Strong's NT 3622: οἰκονομία, *Bible Hub*, 1 de mayo del 2023, https://biblehub.com/greek/3622.htm.

18   Howard L. Dayton (h.), y Compass, *Finances God's Way, 2350 Verses on Money and Possessions: A Resource for Your Financial Discipleship Journey* [Finanzas a la manera de Dios, 2350 versos sobre el dinero y las posesiones: Un recurso para su viaje disciplinario] (Orlando, FL: 2022), iii, https://compass1.org/wp-content/uploads/2022/02/2350-Verses-Catalog.pdf.

19   «Augustine of Hippo/On the Trinity» [Agustín de Hipona/Sobre la Trinidad], *Wikiversity*, 2 de abril del 2020, https://en.wikiversity.org/wiki/Augustine_of_Hippo/On_The_Trinity#:~:text=Augustine%20gave%20classic%20expression%20to,compares%20the%20persons%20of%20the.

20   Craig L. Blomberg, *Neither Poverty nor Riches: A Biblical Theology of Material Possessions*, New Studies in Biblical Theology 7 (Downers Grove, IL: Apollos, 1999), 84. Publicado en español como *Ni pobreza, ni riquezas: Una teología bíblica de las posesiones materiales.*

21   «Daring to Be Generous» [Atreverse a ser generoso], *Saddleback Church*, 17 de mayo del 2015, https://saddleback.com/connect/Articles/MAP/2015/05/18/Message-Action-Plan-051715.

22   John R. W. Stott, *The Cross of Christ* (Downers Grove, IL: IVP Books, 2006), 40. Publicado en español como *La cruz de Cristo.*

23   John Barclay, «Because He Was Rich He Became Poor: Translation, Exegesis and Hermeneutics in the Reading of 2 Cor 8:9» [Porque era rico se hizo pobre: Traducción, exégesis y hermenéutica en la lectura de 2 Corintios 8:9] en *Theologizing in the Corinthian Conflict: Studies in the Exegesis and Theology of 2 Corinthians*, Reimund Bieringer *et al.*, eds. (Leuven, Belgium: Peeters, 2013), 331–344.

Capítulo 3: Elementos del dar, corrientes, sistemas y flujos

24   «Tithes» [El diezmo], *McClintock and Strong Biblical Cyclopedia*, accesado el 19 de mayo del 2023, https://www.biblicalcyclopedia.com/T/tithes.html.

25   Leanne Payne, *Listening Prayer: Learning to Hear God's Voice and Keep a Prayer Journal* [La oración de escucha: Aprendiendo a escuchar la voz de Dios y a llevar un diario de oración] (Grand Rapids, MI: Baker Books, 1994), 14.

Segunda parte: Gaste de todo corazón: Haga un presupuesto que en realidad funcione

Capítulo 4: Haga un seguimiento de su pan de cada día

26   Darlene Deibler Rose, *Evidence Not Seen: A Woman's Miraculous Faith in the Jungles of World War II* [Evidencia no vista: La milagrosa fe de una mujer en medio de la jungla de la Segunda Guerra Mundial] (HarperSanFrancisco, 1988), 148–150.

27   Apple, «Apple Card / Chocolate / Apple» [Tarjeta Apple / Chocolate / Apple], 15 de abril del 2022, 0:38, YouTube: https://www.youtube.com/watch?v=XhA9wNUg5cg.

28   Robert Frost, «Money» [El dinero], *Poetry: A Magazine of Verse* 48, n.º 1 (abril de 1936): 4.

29   «Financial Capability in the United States» [Capacidad financiera en los Estados Unidos de América], 5.ª ed. (julio del 2022), 4. *FINRA Investor Education Foundation*: https://finrafoundation.org/sites/finrafoundation/files/NFCS-Report-Fifth-Edition-July-2022.pdf.

30   Douglas McKelvey, «A Liturgy for the Paying of the Bills» [Una liturgia para pagar las cuentas], *Every Moment Holy* [Todo momento es santo], vol. 1 (Nashville: Rabbit Room Press, 2017), 193–194. Usado con permiso.

Capítulo 5: Planee su tasa de proyección con Jesús

31   Mo Willems, *Let's Go for a Drive!* (Nueva York: Hyperion, 2012). Publicado en español como *¡Vamos a dar una Vuelta!*

32   «Table 1101. Quintiles of income before taxes: Shares of annual aggregate expenditures and sources of income, Consumer Expenditure Surveys, 2021» [Cuadro 1101. Quintiles de ingresos antes de los impuestos: Porcentajes de los gastos anuales agregados y fuentes de ingreso, Análisis de los gastos del consumidor, 2021], *Bureau of Labor Statistics*, 24 de mayo del 2023, https://www.bls.gov/cex/tables/calendar-year/aggregate-group-share/cu-income-quintiles-before-taxes-2021.pdf.

33   Richard H. Thaler y L. J. Ganser, *Misbehaving: The Making of Behavioral Economics* (Nueva York: W. W. Norton, 2015), cap. 2. Publicado en español como *Portarse mal: El comportamiento irracional en la vida económica.*

Capítulo 6: La bendición de los neumáticos y los techos

34   Por ejemplo, el pago mensual promedio fue de $578 en el 2022. Jenn Jones, «Average Car Payment and Auto Loan Statistics 2023» [Promedio de pagos por vehículo y datos estadísticos sobre préstamos para vehículos 2023], Lending Tree, 26 de abril del 2023, https://www.lendingtree.com/auto/debt-statistics/.

35   Susan Meyer, «Average Miles Driven per Year in the U. S.» [Promedio de millas conducidas por año en los Estados Unidos de América], *The Zebra*, 27 de marzo del 2023, https://www.thezebra.com/resources/driving/average-miles-driven-per-year/#how-demographics-affect-driving.

36   I. Mitic, «Car Loan Statistics That Will Make You Want a Bicycle» [Datos estadísticos sobre préstamos para vehículos que lo harán querer comprar una bicicleta], *Fortunly*, 7 de marzo del 2022, https://fortunly.com/statistics/car-loan-statistics/.

37   Mitic, «Car Loan Statistics» [Estadísticas de préstamos para automóviles], https://fortunly.com/statistics/car-loan-statistics/.

38   Ben Eisen y Adrienne Roberts, «The Seven-Year Auto Loan: America's Middle Class Can't Afford Its Cars» [Los préstamos a siete años para la compra de automóviles: La clase

media norteamericana no puede solventar sus vehículos], *Wall Street Journal*, 5 de octubre del 2019, https://www.wsj.com/articles/the-seven-year-auto-loan-americas-middle-class-cant-afford-their-cars-11569941215.

39 Jack Caporal y Lyle Daly, «Average House Price by State» [Precio promedio de la vivienda por estado], The Ascent, 9 de marzo del 2023, https://www.fool.com/the-ascent/research/average-house-price-state/.

40 «Los Angeles Housing Market» [Mercado inmobiliario de Los Ángeles], Redfin, actualizado enero del 2023, https://www.redfin.com/city/11203/CA/Los-Angeles/housing-market.

41 Departamento de Vivienda y Desarrollo Urbano, Oficina de Desarrollo de Políticas e Investigación, «Report to Congress on the Root Causes of the Foreclosure Crisis» [Informe para el Congreso sobre el origen de las ejecuciones inmobiliarias], HUD User, enero del 2010, https://www.huduser.gov/portal/publications/foreclosure_09.pdf.

Capítulo 7: Descubra su personalidad monetaria

42 Para una discusión más completa, ver Brad Klontz *et al.*, *Facilitating Financial Health: Tools for Financial Planners, Coaches, and Therapists* [Salud financiera: Herramientas para planeadores, asesores y terapeutas financieros] (Erlanger, KY: National Underwriter Company, 2016).

43 Miriam Tatzel, «"Money Worlds" and Well-Being: An Integration of Money Dispositions, Materialism and Price-Related Behavior» [«Mundos monetarios» y bienestar: Una integración de las disposiciones monetarias, el materialismo y las conductas relacionadas con los precios], *Journal of Economic Psychology* 23, n.º 1 (febrero del 2002): 103–126, *Science Direct*: https://doi.org/10.1016/S0167-4870(01)00069-1.

44 Patricia Highsmith, *The Talented Mr. Ripley* (Nueva York: W. W. Norton, 2008), 236. Publicado en español como *El talento de Mr. Ripley*.

45 Eileen F. Gallo, «Understanding Our Relationship with Money» [Entendiendo nuestra relación con el dinero], *Journal of Financial Planning* 14, n.º 5 (mayo del 2001): 46–50, *issuu*, https://issuu.com/simplewebservices/docs/understanding_our_relationship_with.

Tercera parte: Cuide todo su corazón: Relaciónese responsablemente con el crédito y las deudas

Capítulo 8: Los depredadores del crédito

46 Se ha utilizado un pseudónimo para proteger la privacidad. «The Victims of Payday Lending» [Víctimas de los préstamos hasta el día de pago], Center for Responsible Lending, accesado el 1 de junio del 2023, https://www.responsiblelending.org/issues/victims-payday.

47 Will Daniel, «"Turbulence Ahead": Nearly 4 in 10 Americans Lack Enough Money to Cover a $400 Emergency Expense, Fed Survey Shows» [«Se avecina turbulencia»: Según las encuestas, casi cuatro de cada diez norteamericanos carecen del dinero suficiente para cubrir una emergencia de $400], *Fortune*, 23 de mayo del 2023, https://fortune.com/2023/05/23/inflation-economy-consumer-finances-americans-cant-cover-emergency-expense-federal-reserve/.

48 Hanneh Bareham, «Payday Loan Statistics» [Estadísticas sobre los préstamos hasta el día de pago], Bankrate, 3 de febrero del 2023, https://www.bankrate.com/loans/personal-loans/payday-loan-statistics/.

49   Matt Schulz, «2023 Credit Card Debt Statistics» [Estadísticas sobre las deudas en las tarjetas de crédito 2023], Lending Tree, actualizado el 25 de mayo del 2023, https://www.lendingtree.com/credit-cards/credit-card-debt-statistics/.

50   LastWeekTonight, «Predatory Lending: Last Week Tonight with John Oliver» [Préstamos predatorios: En Last Week Tonight con John Oliver], 11 de agosto del 2014, 16:31, YouTube: https://www.youtube.com/watch?v=PDylgaybWAw&t=34s.

51   The Pew Charitable Trusts, «Payday Lending in America: Who Borrows, Where They Borrow, and Why» [Préstamos hasta el día de pago en Estados Unidos de América: Quiénes los piden, dónde los piden y por qué], Center for Responsible Lending, accesado el 6 de junio del 2023, https://www.responsiblelending.org/payday-lending /researchanalysis/Pew_Payday_Lending_Exec_Summary.pdf.

52   Bareham, «Payday Loan Statistics» [Estadísticas sobre los préstamos hasta el día de pago], https://www.bankrate.com/loans/personal-loans/payday-loan-statistics/.

53   Bareham, «Payday Loan Statistics» [Estadísticas sobre los préstamos hasta el día de pago], https://www.bankrate.com/loans/personal-loans/payday-loan-statistics/.

54   Joe Valenti y Claire Markham, «Predatory Lending: Faith Communities Mobilizing to Defend the Vulnerable» [Préstamos predatorios: Las comunidades de fe se movilizan para defender a los vulnerables], Spotlight on Poverty & Opportunity, 18 de agosto del 2015, https://spotlightonpoverty.org/spotlight-exclusives /predatory-lending-faith-communities-mobilizing-to-defend-the-vulnerable/.

55   Jayandra Soni y John Raymaker, «Focus Introduction: Toward Sharing Values across Cultures and Religions» [Introducción focal: Compartir valores entre culturas y religiones], *Journal of Religious Ethics* 39, n.º 2 (19 de mayo del 2011):193–203, Wiley Online Library: https://doi.org/10.1111/j.1467-9795.2011.00472.x.

56   Carter Lindberg, «Luther on the Use of Money» [Lutero y el uso del dinero], Christian History Institute, accesado el 11 de mayo del 2023, https://christianhistoryinstitute.org /magazine/article/luther-on-the-use-of-money.

57   A. J. Arberry, trad. *The Koran Interpreted* [El Corán interpretado] (Nueva York: Touchstone, 1996), 69.

58   Ver «Islamic Financial Market Size & Share Analysis—Growth Trends & Forecasts (2023–2028)» [Análisis del tamaño y las acciones del mercado financiero islámico: Tendencias y pronósticos de crecimiento (2023–2028)], Mordor Intelligence, accesado el 6 de junio del 2023, https://www.mordorintelligence.com/industry-reports /global-islamic-finance-market; ver también Adam Hayes, «What Is Riba in Islam, and Why Is It Forbidden?» [¿Qué es Riba en el islam y por qué está prohibido?], Investopedia, 23 de agosto del 2022, https://www.investopedia.com/terms/r/riba.asp.

59   Cory Stieg, «MIT Study: Paying with Credit Cards Activates Your Brain to Create "Purchase Cravings" for More Spending» [Estudio de MIT: Pagar con tarjeta de crédito activa la mente, generando «ansias de comprar» que hacen gastar más], CNBC Make It, 13 de marzo del 2021, https://www.cnbc.com/202.

60   Para una discusión más detallada, ver Barbara O'Neil, *Flipping a Switch: Your Guide to Happiness and Financial Security in Later Life* [Cambiar de chip: Guía para la felicidad y la seguridad financiera en la etapa de la madurez] (Ocala, FL: Atlantic, 2020).

61   Schulz, «2023 Credit Card Debt Statistics» [Estadísticas sobre las deudas en las tarjetas de crédito 2023], https://www.lendingtree.com/credit-cards/credit-card-debt-statistics/.

Capítulo 9: El club de los 800

62   El 65% de los consumidores «parece haber salido de la invisibilidad crediticia al abrir una cuenta a pesar de su falta de historia crediticia». Oficina de Investigación del CFPB, «CFPB Data Point: Becoming Credit Visible» [Punto de datos de la oficina para la protección financiera del consumidor: Cómo ser crediticiamente visible], Consumer Protection Financial Bureau, junio del 2017, 33, https://files.consumerfinance.gov/f /documents/BecomingCreditVisible_Data_Point_Final.pdf.

63   «Loan Savings Calculator» [Calculadora de ahorro de préstamos], myFICO, accesado el 12 de mayo del 2023, https://www.myfico.com/credit-education/calculators /loan-savings-calculator/.

64   Julija A., «20 Worrying Identity Theft Statistics for 2023» [20 datos estadísticos de robos de identidad preocupantes para el 2023], Fortunly, 16 de diciembre del 2022, https:// fortunly.com/statistics/identity-theft-statistics/#gref.

65   Buró Federal de Investigaciones (FBI), «Internet Crime Report 2022» [Informe del 2022 sobre ciberdelitos], Internet Crime Complaint Center, 7, https://www.ic3.gov/Media /PDF/AnnualReport/2022_IC3Report.pdf.

66   «Facts + Statistics: Identity Theft and Cybercrime» [Datos + estadísticas: Robos de identidad y ciberdelitos], Insurance Information Institute, accesado el 6 de junio del 2023, https://www.iii.org/fact-statistic/facts-statistics-identity-theft-and-cybercrime.

67   Julija A., «20 Worrying Identity Theft Statistics».

68   Nikshep Myle, «14 Identity Theft Statistics That'll Make You Want ID Protection» [14 datos estadísticos de robo de identidad que lo harán querer la protección de su identidad], IT Pro, 5 de octubre del 2022, https://www.itpro.com/security/privacy/367947/14-identity-theft-statistics-thatll-make-you-want-id-protection#:~:text=As%20exciting%20 as%20it%20may,higher%20risk%20of%20identity%20theft.

Capítulo 10: Una libra de deuda

69   William Shakespeare, *The Merchant of Venice* (Londres: Penguin, 2005), 20. Publicado en español como *El mercader de Venecia*.

70   Juliet Chung, «Brief History of Debt» [Breve historia de la deuda], History News Network, 20 de septiembre del 2008, https://historynewsnetwork.org/article/54714.

71   Ashwin Vasan y Wei Zhang, «Americans Pay $120 Billion in Credit Card Interest and Fees Each Year» [Los norteamericanos pagan $120.000.000.000 en intereses y tarifas de tarjetas de crédito cada año], Consumer Protection Financial Bureau, 19 de enero del 2022, https://www.consumerfinance.gov/about-us/blog /americans-pay-120-billion-in-credit-card-interest-and-fees-each-year/.

72   Editores de Goop, «Are You Struggling with Financial PTSD?» [¿Está luchando con el trastorno de estrés postraumático financiero?], Goop, 26 de abril del 2018, https://goop .com/wellness/career-money/are-you-struggling-with-financial-ptsd/.

73   Elizabeth Sweet *et al.*, «The High Price of Debt: Household Financial Debt and Its Impact on Mental and Physical Health» [El elevado costo de la deuda: La deuda financiera doméstica y su impacto en la salud física y mental], *Social Science & Medicine* 91 (agosto del 2013): 94–100, *Science Direct*, https://doi.org/10.1016/j. socscimed.2013.05.009.

74   Daniel A. Hojman, Miranda Álvaro y Jaime Ruiz-Tagle, «Debt Trajectories and Mental

Health» [Trayectorias de deuda y salud mental], *Social Science & Medicine* 167 (octubre del 2016): 54–62, *Science Direct*, https://doi.org/10.1016/j.socscimed.2016.08.027.

75   Michael T. Nietzel, «New Study: College Degree Carries Big Earnings Premium, but Other Factors Matter Too» [Nuevo estudio: Los títulos universitarios traen gran prima de ganancias, pero otros factores cuentan también], *Forbes*, 11 de octubre del 2021, https://www.forbes.com/sites/michaeltnietzel/2021/10/11/new-study-college-degree-carries-big-earnings-premium-but-other-factors-matter-too/.

Cuarta parte: Ahorre de todo corazón: Cómo aumentar su capacidad de dar por medio del ahorro y la inversión

Capítulo 11: El banco como campamento base

76   Hasta el 2023, el límite de cobertura para un depósito normal de seguro es $250.000 por depositante, por banco asegurado por la FDIC, en categoría de propietario.

77   Shirin Ali, «One in 10 Homes in the US Affected by Climate Change Disasters in 2021, Report Says» [Uno de cada diez hogares en Estados Unidos de América se vio afectado por los desastres del cambio climático en el 2021, según un informe], Changing America, 23 de febrero del 2022, https://thehill.com/changing-america/sustainability/infrastructure/595489-one-in-10-homes-in-the-us-affected-by-climate/.

78   «Burglary Statistics» [Estadísticas de robo], The Zebra, actualizado el 31 de enero del 2023, https://www.thezebra.com/resources/research/burglary-statistics/#statistics-2020.

79   John C. Navarro y George E. Higgins, «Familial Identity Theft» [Robo de identidad familiar], *American Journal of Criminal Justice* 42 (marzo del 2017): 218–230, *Springer Link*: https://doi.org/10.1007/s12103-016-9357-3.

80   Una transacción ACH se refiere a un sistema de pago electrónico de banco a banco que permite que su banco transfiera dinero de su cuenta a la cuenta de un comerciante.

81   Megan Leonhardt, «Cutting Overdraft Fees Could Save Americans $17 Billion a Year—but Banks Are Slow to Make Changes» [Acabar con los cargos por sobregiro podría ahorrarles a los norteamericanos $17.000.000.000 por año, pero los bancos son lentos para hacer cambios], *Fortune*, 16 de mayo del 2022, https://fortune.com/2022/05/16/cutting-overdraft-fees-could-save-americans-17-billion-a-year/.

82   Sarah Foster, «Survey: Nearly Half of Americans Are Sacrificing Recession Preparedness by Paying Checking Fees» [Casi la mitad de los norteamericanos están sacrificando su preparación para la recesión al pagar las tarifas por sus cuentas bancarias], Bankrate, 17 de enero del 2023, https://www.bankrate.com/banking/checking-fees-survey/.

83   Jane Austen, *Pride and Prejudice* (Nueva York: Barnes & Noble Classics, 2003), 340. Publicado en español como *Orgullo y prejuicio*.

84   «*Pride & Prejudice* (2005): Carey Mulligan: Kitty Bennet» [Orgullo y prejuicio (2005): Carey Mulligan: Kitty Bennet], IMDb, accesado el 9 de junio del 2023, https://www.imdb.com/title/tt0414387/characters/nm1659547.

85   Elena Holodny, «The 5,000-Year History of Interest Rates Shows Just How Historically Low US Rates Are Right Now» [Los cinco mil años de historia de tasas de interés muestran que en este momento las tasas en EE. UU. están bajas], *Insider*, 17 de junio del 2016, https://www.businessinsider.com/chart-5000-years-of-interest-rates-history-2016-6.

86   Holodny, «The 5,000-Year History of Interest Rates» [Los cinco mil años de historia de tasas de

interés], https://www.businessinsider.com/chart-5000-years-of-interest-rates-history-2016-6.

87   Dion Rabouin, «The $42 Billion Question: Why Aren't Americans Ditching Big Banks?» [La pregunta de los $42.000.000.000: ¿Por qué los norteamericanos no se deshacen de los grandes bancos?], *Wall Street Journal*, 8 de diciembre del 2022, https://www.wsj.com /articles/the-42-billion-question-why-arent-americans-ditching-big-banks-11670472623.

Capítulo 12: Reunir una reserva para la vejez

88   Natasha Solo-Lyons, «Your Evening Briefing: One in Four Americans Have No Retirement Savings» [Su informe vespertino: Uno de cada cuatro estadounidenses carece de reservas para la vejez], *Bloomberg*, 17 de abril del 2023, https://www.bloomberg.com /news/newsletters/2023-04-17 /bloomberg-evening-briefing-one-in-four-americans-have-no-retirement-savings.

89   W. Andrew Achenbaum, *Old Age in the New Land: The American Experience Since 1790* [La vejez en la Nueva Tierra: La experiencia estadounidense desde 1790] (Baltimore: Johns Hopkins University Press, 1978), 22.

90   *Merriam-Webster*, s. v. «retired» [jubilado, retirado], accesado el 8 de junio del 2023, https://www.merriam-webster.com/dictionary/retired.

91   Esteban Calvo, «Does Working Longer Make People Healthier and Happier?» [¿Trabajar más tiempo hace más felices y alarga la vida de las personas?], Boston College, 2005, https://crr.bc.edu/wp-content/uploads/2006/02/wob_2.pdf.

92   Nicole Torres, «You're Likely to Live Longer If You Retire After 65» [Si se jubila después de los sesenta y cinco años, es probable que viva más], *Harvard Business Review*, octubre del 2016, https://hbr.org/2016/10 /youre-likely-to-live-longer-if-you-retire-after-65#:~:text=Working%20an%20extra %20year%20decreases,%25%2C%20a%20new%20analysis%20shows.

93   Timothy Keller, *Every Good Endeavor* (Nueva York: Dutton, 2012), 21. Publicado en español como *Toda buena obra: Conectando tu trabajo con el trabajo de Dios*.

94   Ellen Rhoads Holmes y Lowell D. Holmes, *Other Cultures, Elder Years* [Otras culturas, la tercera edad], 2.ª ed. (Thousand Oaks, CA: Sage, 1995), 74.

95   Dana George, «Why You Should Never Depend on Your Partner for FinancialSupport» [Por qué nunca debe depender de su pareja para mantenerse económicamente], *The Ascent*, 17 de julio del 2021, https://www.fool.com/the-ascent/banks/articles /why-you-should-never-depend-on-your-partner-for-financial-support/.

96   Brittany King, «Those Who Married Once More Likely Than Others to Have Retirement Savings» [Quienes han tenido un solo matrimonio tienen más probabilidades que otros de contar con ahorros para la vejez], United Stated Census Bureau, 13 de enero del 2022, https://www.census.gov/library/stories/2022/01 /women-more-likely-than-men-to-have-no-retirement-savings.html.

97   Jack VanDerhei, Ph. D., «The Impact of Adding an Automatically Enrolled LoanProtection Program to 401(k) Plans» [El impacto de agregar automáticamente la suscripción al programa de protección de deuda a los planes 401(k)], *EBRI*, n.º 551 (24 de febrero del 2022): 3, Employee Benefit Research Institute, https://www.ebri.org/docs /default-source/ebri-issue-brief/ebri_ib_551_kloans24feb22.pdf?sfvrsn=e0f43b2f_2.

98   Hal E. Hershfield, *et al.*, «Increasing Saving Behavior through Age-Progressed Renderings of the Future Self» [Incrementar la conducta de ahorro por medio de las representaciones

progresivas del futuro yo con la edad], *Journal of Marketing Research* 48, SPL (febrero del 2011): S23–S37, *Sage Journals*: https://doi.org/10.1509/jmkr.48.SPL.S23.

99 «Compound Interest Is Man's Greatest Invention» [El mejor invento del hombre es el interés compuesto], Quote Investigator, 31 de octubre del 2011, https://quoteinvestigator.com/2011/10/31/compound-interest/.

100 «Bill & Vonette Bright» [Bill y Vonette Bright], Generous Giving, accesado el 16 de junio del 2023, https://generousgiving.org/bill-vonette-bright-surrendering-everything/.

Capítulo 13: Invertir la reserva

101 Chang Fu, «32 Must-Know Financial Literacy Statistic in 2021» [32 Datos estadísticos del 2021 sobre alfabetización financiera que todos deben saber], Possible Finance, 15 de febrero del 2021, https://www.possiblefinance.com/blog/financial-literacy-statistics/.

102 Paráfrasis de *Saturday Night Live*, «Host Will Ferrell Digs Up His SNL Buried Treasure» [Conductor Will Ferrell desentierra su tesoro SNL], 20 de noviembre del 2019, 1:22. YouTube: https://www.youtube.com/watch?v=SB4ebtdBkkI.

103 Ron Harris, «A New Understanding of the History of Limited Liability: An Invitation for Theoretical Reframing» [Una nueva comprensión de la historia de la Responsabilidad Limitada: Una invitación para la reformulación teórica], Harvard Law School Forum on Corporate Governance, 29 de agosto del 2019, https://corpgov.law.harvard.edu/2019/08/29/a-new-understanding-of-the-history-of-limited-liability-an-invitation-for-theoretical-reframing/.

Capítulo 14: El poder redentor de su reserva

104 *Merriam-Webster*, s. v. «invest» [invertir], accesado el 19 de junio del 2023, https://www.merriam-webster.com/dictionary/invest.

105 Rob West, «God as Investor with Jason Myhre» [Dios como inversor, con Jason Myhre], *Faith & Finance*, 28 de septiembre del 2022, https://bottradionetwork.com/ministry/faith-and-finance/2022-09-28-god-as-investor-with-jason-myhre/.

106 *Merriam-Webster*, s. v. «integrity» [integridad], accesado el 23 de junio del 2023, https://www.merriam-webster.com/dictionary/integrity.

107 Louise A. Mitchell, «Integrity and Virtue: The Forming of Good Character» [Integridad y virtud: El desarrollo de un buen carácter], *Linacre Quarterly* 82, n.º 2 (mayo del 2015): 149–169, *Sage Journals*: https://doi.org/10.1179/2050854915Y.0000000001.

108 Giovanni Strampelli, «Are Passive Index Funds Active Owners? Corporate Governance Consequences of Passive Investing» [¿Son dueños activos los fondos indexados pasivos? Consecuencias de la inversión pasiva en la gobernanza corporativa], *San Diego Law Review* 55, n.º 4 (2018): 804, Digital USD, https://digital.sandiego.edu/cgi/viewcontent.cgi?article=1166&context=sdlr.

109 The Vanguard S&P 500 Index Fund, calculado por https://evalueator.com.

110 Martin E. Sandbu, «Stakeholder Duties: On the Moral Responsibility of Corporate Investors» [Deberes de los accionistas: Sobre la responsabilidad moral de los inversores corporativos], *Journal of Business Ethics* 109 (24 julio del 2012): 97–107, *Springer Link*: https://doi.org/10.1007/s10551-012-1382-7.

111 Keller, *Every Good Endeavor*, 58–59. Publicado en español como *Toda buena obra: Conectando tu trabajo con el trabajo de Dios*.

112 «John Woolman» [John Wollman], Quakers in the World, accesado el 27 de junio del 2023, https://www.quakersintheworld.org/quakers-in-action/62/John-Woolman.

113 Michael Gryboski, «Hilton Removes Porn from Hotel Rooms after Hearing Sexual Exploitation Concerns» [Hilton retira la pornografía de las habitaciones de los hoteles después de conocer las preocupaciones por la explotación sexual], *Christian Post*, 19 agosto del 2015, https://www.christianpost.com/news /hilton-removes-porn-from-hotel-rooms-after-hearing-sexual-exploitation-concerns.html.

114 Mary Naber, «Christ's Returns» [Las recompensas de Cristo], *Christianity Today* 45, n.º 11 (3 de septiembre del 2001): 86–87.

115 Usman Hayat, CFA, «Faith-Based Investing: Believers Engaging the Boardroom» [Inversión basada en la fe: Creyentes comprometidos en el directorio], *Enterprising Investor*, 13 de febrero del 2013, https://blogs.cfainstitute.org /investor/2013/02/13/engaging-in-gods-name-believers-influencing-the-board-room/.

Capítulo 15: Sueñe en grande: Genere un plan financiero al estilo del mar de Galilea

116 Dane Ortlund, *Gentle and Lowly: The Heart of Christ for Sinners and Sufferers* (Wheaton: Crossway, 2020), 54. Publicado en español como *Manso y humilde: El corazón de Cristo para los pecadores y heridos.*

117 James K. A. Smith, *You Are What You Love* [Eres lo que amas] (Grand Rapids, MI: Brazos, 2016), 8.

118 James T. Austin y Jeffrey B. Vancouver, «Goal Constructs in Psychology: Structure, Process, and Content» [Constructos de metas en psicología: Estructura, proceso y contenido], *Psychological Bulletin* 120, n.º 3 (1996): 338–375, APA PsycNet: https://doi.org/10.1037/0033-2909.120.3.338.

119 Jacob S. Gray *et al.*, «Goal Conflict and Psychological Well-Being: A Meta-Analysis» [Conflictos en las metas y bienestar psicológico: Un metaanálisis], *Journal of Research in Personality* 66 (febrero del 2017): 27–37, *Science Direct*: https://doi.org/10.1016/j.jrp.2016.12.003.

120 Edwin Locke y Gary P. Latham, «A Theory of Goal Setting and Task Management» [Una teoría sobre el establecimiento de metas y el manejo de la tarea], *Academy of Management Review* 16, n.º 2 (1 de abril de 1991): 480–483, JSTOR: https://doi.org/10.2307/258875.

121 Locke y Latham, «A Theory of Goal Setting» [Una teoría sobre el establecimiento de metas]: https://doi.org/10.2307/258875.

122 Bettina Höchli *et al.*, «How Focusing on Superordinate Goals Motivates Broad, Long-Term Goal Pursuit: A Theoretical Perspective» [Cómo enfocarse en metas superiores genera un compromiso más amplio y de largo plazo: Una perspectiva teórica], *Frontiers in Psychology* 9 (2 de octubre del 2018), *Frontiers*: https://doi.org/10.3389/fpsyg.2018.01879.

Pensamientos finales

123 Alexander Maclare, *Expositions of Holy Scripture: Psalms* [Exposiciones de las santas Escrituras: Los Salmos], Salmo 34, Project Gutenberg, actualizado el 3 de agosto del 2012, https://www.gutenberg.org/ebooks/7925.

124 Agustín de Hipona, *La ciudad de Dios*, citado en Alister E. McGrath, *A Brief History of Heaven* (Malden, MA: Blackwell, 2003), 182–183. Publicado en español como *Una breve historia del cielo.*